徽学与地域文化丛书

# 新文化运动与安徽

汪杨 著

北京师范大学出版集团
BEIJING NORMAL UNIVERSITY PUBLISHING GROUP
安徽大学出版社

图书在版编目(CIP)数据

新文化运动与安徽/汪杨著.—合肥:安徽大学出版社,2014.12
(徽学与地域文化丛书)
ISBN 978-7-5664-0419-0

Ⅰ.①新… Ⅱ.①汪… Ⅲ.①五四运动－研究－安徽省 Ⅳ.①K261.107

中国版本图书馆 CIP 数据核字(2013)第 099843 号

## 新文化运动与安徽
### Xinwenhuayundong Yu Anhui

汪杨 著

| | |
|---|---|
| 出版发行: | 北京师范大学出版集团<br>安徽大学出版社<br>(安徽省合肥市肥西路3号 邮编230039)<br>www.bnupg.com.cn<br>www.ahupress.com.cn |
| 印　　刷: | 安徽省人民印刷有限公司 |
| 经　　销: | 全国新华书店 |
| 开　　本: | 152mm×228mm |
| 印　　张: | 10.75 |
| 字　　数: | 150 千字 |
| 版　　次: | 2014 年 12 月第 1 版 |
| 印　　次: | 2014 年 12 月第 1 次印刷 |
| 定　　价: | 23.00 元 |

ISBN 978-7-5664-0419-0

策划编辑:朱丽琴　刘　强　　　装帧设计:知耕书房
责任编辑:姜　萍　　　　　　　美术编辑:李　军
责任校对:程中业　　　　　　　责任印制:陈　如

### 版权所有　侵权必究
反盗版、侵权举报电话:0551-65106311
外埠邮购电话:0551-65107716
本书如有印装质量问题,请与印制管理部联系调换。
印制管理部电话:0551-65106311

教育部人文社会科学研究"新文化运动与安徽(09YJC751001)"青年项目资助

# 徽学与地域文化丛书
# 编委会名单

**编委会主任:** 吴春梅

**编委会副主任:**(按姓氏笔画为序)

　　　卞　利　　张子侠　　张能为　　鲍　恒

**编　　委:**(按姓氏笔画为序)

　　　卞　利　　王国良　　王达敏　　王天根

　　　王成兴　　江小角　　李　霞　　张子侠

　　　张能为　　张崇旺　　张爱冰　　张金铣

　　　吴春梅　　吴怀东　　吴家荣　　陆建华

　　　陈　林　　宛小平　　徐国利　　鲍　恒

# 目 录

001 前言

001 第一章 新文化运动前安徽的全景透视
001 第一节 孕育安徽新文化运动的历史背景
014 第二节 新文化运动前安徽的教育文化
032 第三节 安徽新文化运动的先声

057 第二章 新文化运动在安徽
057 第一节 文学界的情况
073 第二节 教育界的情况

096 第三章 皖籍知识分子与新文化运动
096 第一节 《新青年》的皖籍作者群
113 第二节 北京大学的皖籍学者群
131 第三节 皖籍知识分子与安徽本土新文化运动的关系

139 结 语

146 参考文献

# 前 言

　　新文化运动是中国现当代文学研究的热点之一,也是在中国文学研究中起着承上启下作用的一个重要学术点。这场运动全面触动了当时的社会架构,促使中国进入现代"转型"之途。同时,这场运动还见证了中国社会新一代知识分子群体的聚集、生成与发展。新文化运动以及由其催生的现代新型知识分子群体,不论是在文学上、思想上,还是在社会政治上;不论是在当时还是在现在,都给中国造成了深远影响,成为研究者们把握中国文化脉搏的一个关键点。与中国近代其他历史运动相比,新文化运动显然是受到了学术界更加广泛的关注,无论是探讨中国近现代文化,还是研究中国近现代思想,新文化运动都成为学者们论述的基点。对于中国近现代乃至当今知识分子而言,这场文化运动的意义已不仅仅在于推行白话文运动和开启新文学的方向,而是它已成为一个不可逾越的精神标杆。

　　因此,时至今日,新文化运动研究对于文学本身及社会精神文明建设都有着不可忽视的作用。"关于五四,长期以来存在着两个阐释系统:一个是政治的,或者称作政治家的;一个是文化的,也可称作知识分子的自我阐释"①。"五四的最大成就,

---

　　① 林贤治:《五四之魂——中国知识分子精神史》,桂林:广西师范大学出版社,2008年,第5页。

就是造就了大批新人:现代知识分子"①。"'知识分子'一词,于1920年代末才开始在五四的继承者中使用。在整个新文化运动期间,启蒙的先驱者都不曾找到合适的名词为自己命名,五四则为其开出了一张'明确的出生证'"②。从这个角度而言,"五四'新文化运动'是知识分子的'创世纪'"③。

以安庆和芜湖为中心兴起的安徽新文化运动,无论其规模,还是其发展、表现,在全国都很有代表性。在新文化运动中,近现代安徽知识分子群体也是颇值得关注的:不仅有陈独秀、胡适等闻名全国的新文化运动的领军人物,还有一批皖籍新型知识分子,如刘文典、李光炯、汪孟邹、蒋光慈等,他们一直都在指导和推动新文化运动的发展,更有被论争所遮蔽、同样在中国文化发展史上具有影响力的桐城派文人。事实上,这些皖籍知识分子群体也是中国近现代新型知识分子群体的一个缩影。

这些皖籍知识分子群体如何参与构建本地文化,以确立自己的社会地位和文化身份?他们又是如何突破地域限制,与国家的文化话语相整合?这些学术问题都有待进一步研究。因此,从人员数量、社会影响力等方面来看,皖籍知识分子群体已经具备作为独立研究对象的资格。将其作为新文化运动个案研究的对象,一方面是为了还原皖籍知识分子群体的文学、文化活动,另一方面则有助于厘清新文化运动的发生源流。事实上,将全国性的新文化运动潮流与作为发源地之一的安徽关联在一起进行研究,以探求什么样的区域文化氛围孕育了中国现代这批新型知识分子群体,这一群体又怎样参与到全国性的新文化建构中;将单一的区域及代表人物研究与全国性文学、文化思潮探讨相结合进行探讨,一方面能够丰富地域文化研究,

---

① 林贤治:《五四之魂——中国知识分子精神史》,桂林:广西师范大学出版社,2008年,第23页。

② 林贤治:《五四之魂——中国知识分子精神史》,桂林:广西师范大学出版社,2008年,第7页。

③ 林贤治:《五四之魂——中国知识分子精神史》,桂林:广西师范大学出版社,2008年,第4页。

拓宽学术视野,另一方面也能健全学科体系,进一步扩展新文化运动的研究领域。

本书以三个部分展开论述,首先通过对新文化运动前安徽的全景透视,阐述这场运动与安徽这样或那样的联系;然后从文化和教育两个层面还原和勾勒新文化运动在安徽的发展情况;最后分析旅外皖籍知识分子在全国新文化运动中的表现,以及这一群体与安徽本地新文化运动的关联,解读这些现代知识分子共同的思想底色。

为何新文化运动最初的领导者大多来自安徽,这是历史的偶然还是时代的必然?向全国输出了这么多新文化运动先锋的安徽,在这场运动中又呈现出怎样的情形?是怎样的政治和文化环境催生了皖籍新型知识分子群体的出现?这是本书关注的重点。皖籍知识分子群体虽因地域命名,但从他们在新文化运动中的发展脉络来看,他们并没有将自己视作仅属于某一地域的群体,相反地,在叙述他们所倡导的新文化思潮时,更强调的是"国家"而非"地方"。在新文化运动开始后,由于前期参与人员的地缘关系,相对于当时中国其他省区而言,新文化运动思潮在安徽的普及度和渗透度都是广泛而深远的,安徽的知识分子通过各种人脉关系,第一时间将这股新文化运动思潮传入安徽,直接导致安徽新文化运动的兴起,使得安徽新文化运动无论在运动的声势上还是在规模上,都曾一度位于全国前列。在安徽本土新文化运动的发展过程中,最令人注目的就是各种宣传新文化、新思潮的报纸刊物应运而生,这些报纸刊物在宣传新思想,激发普罗大众和青年人的积极性的同时,也记录了安徽本土新文化运动的进程,成为后人研究新文化运动的重要材料。革新教育也是新文化运动的重要组成部分,安徽当时掀起的革新教育的学潮正是新文化运动在教育界的集中体现,而新教育体系的创立是新文化运动在安徽教育文化层面进一步深入的结果。安徽大学的筹备和创立则是众多皖籍新型知识分子和社会名流共同努力的结果。

为什么在前期的新文化运动中,皖籍知识分子可以占据主导位置?皖籍知识分子群体又是如何调适或营造自己的话语空间,来促使新文化运动思潮在全国的扩散?本书最后一部分集中梳理了皖籍知识分子群体在新文化运动中的聚集脉络,并在此基础上探究其共同的思想底色,包括文本思想解读、学术发展以及群体社会交往等。厘清这一群体在全国新文化运动中的联系脉络,有助于了解新文化运动从地方到全国的发展轨迹,进一步探讨新文化运动的思想核心。地域情结固然是构成皖籍知识分子聚集的首要因素,但是共同的思想基点、价值认同与追求,才是他们得以合作和联络的情感纽带、内在动因,也是这一群体在新文化运动中会聚的缘由。这些皖籍知识分子同仁们以自我为中心,以熟人社会为半径,以血缘、地缘和学统关系为经纬,促发并推动了这场全国性的新文化思潮。与此同时,他们对于安徽本土文化的影响力也不可小觑:除维系和加强当地同乡之间的互助关系外,他们始终关注和推动着本土社会的变化与发展。简言之,皖籍知识分子群体既是全国新文化运动的指导者和参与者,也是安徽本土新文化运动的奠基者和组织者。

# 第一章

# 新文化运动前安徽的全景透视

## 第一节 孕育安徽新文化运动的历史背景

新文化运动前的安徽,其所辖各地在政治、经济、文化等方面存在显著差异。自1667年安徽设省起,到1938年日军侵皖,作为安徽省会的所在地,安庆一直是安徽的政治和文化中心,吸引着众多知识分子的目光,也当仁不让地成为后期新文化运动的重要城市;而芜湖[①]则是当时安徽经济的枢纽,商业发达,重要的物资和商品皆以芜湖为集散地,英、日两国还在此设有领事馆。从地理位置和社会综合条件来看,芜湖无疑是当时安徽受到西方文化冲击最大的地方,自然它也就成为孕育新文化运动思潮的重要地区。因此,在新文化运动中,"尤以安徽主要政治、经济和文化重心的安庆和芜湖为烈"[②],陈独秀等人也大都围绕安庆和芜湖这两个城市开展早期的社会文化活动。

即便地处内地,安徽也早已受到西方异质文化的冲击。西方的教会文化正是对清末安徽社会形态产生影响的重要因素

---

[①] 胡绳主编的《从鸦片战争到五四运动》一书,就认为芜湖是当时中国7个五四运动的典型城市,这7个城市分别是:北京、上海、汉口、长沙、芜湖、南京、济南。

[②] 李则刚:《安徽青年的觉醒与反帝反军阀斗争》,《安徽文史资料选辑》(第2辑),1982年,第49页。

之一。西方教会在当时政府的默许下,通过传教、设立教会学校等手段,强化对安徽的文化渗透,极大地冲击了当地的传统文化,也打开了安徽通向西学之路。

在社会变革和西方文化的双重影响下,安徽新一代知识分子群体逐渐形成,并在社会事务上发挥了重要作用。他们从文化启蒙入手,最终走上政治斗争的道路。安庆藏书楼演说标志着陈独秀等进步知识分子开始在安徽政治舞台上崭露头角,这次演说还为后来全国性新文化运动积累了人脉、奠定了基础。岳王会的成立,使得安徽知识分子的新文化主张与新军武装力量结合起来,这也使这些知识分子得以冲破地域和群体限制,迈上更大的社会舞台。

## 一、安徽基本的社会经济结构

晚清的安庆是安徽的政治、文化中心,"民俗刚毅,有死守善道之风,一旦为革命主义所熏陶,故匹夫慕义,杀身以成仁者,史不绝书"[①]。安庆位于长江下游,上至九江、武昌,下达芜湖、南京、镇江、上海,在整个长江航道中的位置非常重要。康熙年间编修的《安庆府志》就曾指明安庆是"滨江重地也。上控洞庭、彭蠡,下扼石城、京口。分疆则锁钥南北,坐镇则呼吸东西,中流天堑,万里长城"[②]。特殊的地理位置决定了安庆在军事上的重要位置,"地介吴楚,襟江流而蔽淮服,天下无事则已,有事辄先受兵"[③]。1861年,两江总督曾国藩就曾在安庆"分设谷米局及制造火药、子弹各局,委员司之……制造洋枪洋炮。广储军实"[④]。同年,曾国藩在安庆还创办了中国最早的新兴工业——安庆内军械所。与此同时,"清代的安庆是安徽省、安庆

---

[①] 孙传瑗:《安徽革命记略》,《中国史学会中国近代史资料丛刊·辛亥革命》,上海:上海人民出版社,1957年,第182页。

[②] 《安庆府志·碑记(卷二七)》,康熙年间。

[③] 《怀宁县志·官署(卷一〇)》,道光年间。

[④] 孙毓棠编:《中国近代工业史资料》(第1辑,上册),北京:科学出版社,1957年,第249页。

府和怀宁县的政治中心,这里官员集中,衙门充斥"①,"安庆为省治,各省之人宦于斯、幕于斯、泊鼓于斯者不知凡几"②;作为安徽的政治和文化中心,安庆长期吸引着全省和其他地区的士绅,特别是全省乡试及提学岁试的时节,全省的生员都要来这里参加科举考试,有时仅"怀(宁)、桐(城)两县,各三千数百人"③。随着安庆寄航港的开辟,西方势力对安庆的影响也不断加大,从文化逐步延伸到经济、政治等方面。聚集在安庆的知识分子,对于西方文化由不理解到理解,由被迫妥协到自觉吸收,并逐步萌发了初步的革新意识。

芜湖则是当时安徽南方地区的行政中心和文化中心。芜湖是当时长江、青弋江、水阳江诸水的汇集点,自明清以来就一直是安徽的重镇;清朝末年,清政府就在此设有徽宁池太广兵备道官员,用以统辖皖南各府。芜湖还是安徽重要的商业城市,是当时长江下游一个较大的商埠,也是皖南的经济中心;芜湖商业兴旺,早在19世纪就已是全国闻名的米市,米业盛况空前一时,成为全国"四大米市"之一,"……通商以后,输运出口如是……光绪二十四年至三十年出口数多至五百余万担,少亦三四百万担"④。1876年中英《烟台条约》的签订,使得芜湖成为安徽第一个受到西方列强冲击的城市。条约强令中国扩大长江流域的开放,增加芜湖、宜昌等地为通商口岸。在这一不平等条约的保护下,外国势力开始在芜湖开辟租界,建立教堂,设置海关,开设洋行,芜湖因而变成帝国主义向安徽倾销商品的重要据点。根据中英《烟台条约》规定设立的芜湖海关,是当时中国四十多处海关之一。由于清政府不习洋务,不懂税收,竟邀请英人来帮助办理税务,税务司、帮办、书记等高级职员全部启用外国人。虽然清廷在芜湖海关派有监督,但税收的相关

---

① 朱庆葆:《传统城市的近代命运——清末民初安庆城市近代化研究》,合肥:安徽教育出版社,2001年,第9页。
② 程小苏:《安庆旧影》(未刊稿),合肥:安徽省图书馆藏,第148页。
③ 程小苏:《安庆旧影》(未刊稿),合肥:安徽省图书馆藏,第42页。
④ 《芜湖县志·商业志·米业》(民国八年本),沈寂:《芜湖地区的辛亥革命》,《安徽史学通讯》,1959年第6期。

事宜实际上是由总税务司决定,芜湖海关的大权完全操纵在外国官员手中,这造成了政策的倾斜及商品倾销的加速,贸易不平等日益加剧,西方商品渗透也日趋严重。芜湖正式开埠以后,其内外贸易都迅速增长,租界、洋行纷纷建立,外国商品通过芜湖倾销到安徽内地,而安徽内地的农产品也通过芜湖向外出口。许多进出口商品,均由这里转发各地,"自一八七六年到一九一六的四十余年中,英、日两国的商品和金融,几乎控制了芜湖整个市场","当时市场上除英、美的煤油、香烟外,大街小巷的商店、摊贩,无一不经售洋货"①,"此间芜湖试办各种企业,迄今没有一家能称得上成功的……本地所制肥皂及蜡烛,从来没有建立销场"②。芜湖的开放标志着西方强权和西方资本主义文化正式进入安徽,安徽"与外邦发生直接关系之始,厥为芜湖租界之开辟"③。这种从政治到经济直至文化的全方位入侵,极大地冲击了安徽数千年的封建文化和延续数千年之久的农业文明,造成安徽整个社会形态的急剧震荡。

正是因为这两个城市在当时安徽的重要位置,才使得生于斯、长于斯的知识分子和有识之士在面对西方敌对势力的冲击时,能够清醒地认识到中华民族岌岌可危的严峻现实并自觉地承担起救亡图存的责任。救亡意识促使他们革新理念,促使他们从西方资产阶级的政治文化中吸取革命和民主的思想和观念,这样,安徽乃至全国新文化运动的序幕由此拉开。

### 二、教会势力对安徽文化的影响

安徽虽地处内地,受西方商品倾销的影响要远远晚于其他通商口岸,但早在芜湖开辟租界之前,安徽就已经受到西方异质文化的冲击。西方教会文化首当其冲侵入安徽,"基督传教

---

① 《芜湖县志》卷五,转引自中共安徽省委党史工作委员会:《安徽现代革命史资料长编》,合肥:安徽人民出版社,1986年,第18页。

② 汪敬虞编:《中国近代工业史资料》(1895~1914),北京:科学出版社,1957年,第846页。

③ 《安徽通志稿·外交考》,转引自朱庆葆:《传统城市的近代命运——清末民初安庆城市近代化研究》,合肥:安徽教育出版社,2001年,第52页。

士加上兵舰,终于逼使文弱的、以农为本的古老中国步上现代工商业的道路"①。早在明末清初,以利玛窦、汤若望为代表的教士就已经来到中国传教,教会的影响因而开始进入中国,并随之遍及全国。"晚清最早出国留学始于1846年,容闳、黄宽、黄胜三人是最早的受西方教会资助的留学生。他们都是'马礼逊学堂'的学生,受教会资助,前往美国留学"②。"晚清新教来华传教士大力翻译介绍传播'西学',一方面继续延续了明季天主教传教士们着眼于本土文人的考量,但在此之外,新教来华传教士更关注的,似乎是'西学'整体上相较于'中学'(儒家传统思想学术)的实用性和优越性,也就是说,到了晚清,在新教来华传教士这里,'西学'已经不再只是补充'中学'的缺陷和薄弱处了,而是具有整体性的优势而不是比较优势。正是在从比较优势到整体优势或者绝对优势的转变之中,西方的整体优越感已经逐步确立,而新教来华传教士们大力译介西学,则是为了用这种更实用、更科学、更精确的学问,来改造甚至替代落后、保守、古旧的'中学'。不仅如此,他们也希望凭借着'西学'所确立起来的'西方优越性',来借势宣扬新教信仰"③。

教会势力最大的是天主教的江南教区,而这个教区恰恰就管理着由江苏、安徽两省组成的江南省的传教事务。1865年,戴德生在伦敦成立了基督教新教的"内地会",其目的正是为了向中国传教,而安徽则成为这一教会进行活动的重要区域。传教士们一是以皖北的老传教据点五河为中心,逐渐向凤阳、泗县以及皖北的其他地区扩张;二是以省会安庆为中心,向长江对岸的池州和皖西山区的六安、霍山等地扩展;三是从最早建立教堂的徽州的东门镇、宣城的水东镇等开始,逐步向宁国、广德、太平、芜湖等地发展,最后在皖南形成一张传教势力网④。

---

① 蒋梦麟:《西潮·新潮》,长沙:岳麓书社,2000年,第43页。
② 焦润明、苏晓轩:《晚清生活掠影》,沈阳:沈阳出版社,2002年,第95页。
③ 段怀清:《传教士与晚清口岸文人》,广州:广东人民出版社,2007年,第69页。
④ 《安徽革命史话》(上),合肥:黄山书社,1987年,第49页。

1921年,梵蒂冈天主教廷还在安庆城建立了天主教大教堂,正式成立了安庆教区。"鸦片战争后,外国教会、传教士在中国办学校发展很快。1876年,基督教学校已有350所,学生总数为5975人。到1889年,教会学校学生已达16836人,可见教会学校的势力和影响。西方传教士通过教会音乐,即通过'颂扬上帝'的形式,达到'感化'中国人(的目的)。""晚清新教传教士面对中西语言、文化和思想观念的巨大差异甚至激烈冲突的现实,出于各种各样的原因,最终采取了直接布道和文化传播两种活动方式"。"而他们进行文化布道的首要方式就是译介西方的科技、文化,包括文学知识"[①]。"传教士译介的作品通过他们创办的学校、报刊、出版物、书店以及中国人模仿他们创办的类似机构,多渠道、全方位地传播"[②]。"晚清时代,尤其是鸦片战争至戊戌变法时期,部分基督教传教士(主要是新教徒)却在中国开展了长时间、大规模的世俗文化活动"[③]。

  这些传教士尽管客观上也带来了天文学、地理学等自然科学知识,但是其主要意图是为了扩大宗教影响,或是为了配合西方的侵略步伐。他们通过向中国人传播西方的宗教文化,从而使中国人确立起新的价值理念,正如美国传教士狄考文所说:"传播基督教的工作,很适当地被比作军队的工作。军队的目的,不单是尽量杀伤和擒获敌人,乃在征服全部敌人……基督教的工作目标也是一样,它不单是在尽量招收个别信徒,乃在征服整个中国,使之服从基督。"[④]这在安徽无疑造成了以人伦礼教为核心的儒家传统与西方的教会上帝文化之间巨大的差异和冲突。1869年的"安庆教案"、1876年的"皖南教案"、1891年的"芜湖教案"和1904～1906年的"霍山教案",就是近

---

  ① 何绍斌:《越界与想象——晚清新教传教士译介史论》,上海:上海三联书店,2008年,第14页。

  ② 何绍斌:《越界与想象——晚清新教传教士译介史论》,上海:上海三联书店,2008年,第48页。

  ③ 何绍斌:《越界与想象——晚清新教传教士译介史论》,上海:上海三联书店,2008年,第294页。

  ④ 中共安徽省委党史工作委员会:《安徽现代革命史资料长编》,合肥:安徽人民出版社,1986年,第21页。

代初期安徽民众对于以枪炮为后盾的西方文化的抗拒的反映。其中造成"芜湖教案"发生的直接因素是在当地民众中出现了大量的反洋教宣传品,如《齐心拼命》、《灭鬼歌》等。就现在的眼光看,彼时的反洋教宣传有不少反科学的成分,带有极强的民族情绪,但反洋教斗争的爆发集中体现了安徽民众对于西方的宗教观念以及西方礼俗的责难和排斥。

1757年,清政府实行"闭关政策",此后虽有传教士在中国活动,但一直处于非法状态,鸦片战争彻底改变了这一状况。1845年,道光皇帝同意"弛禁"天主教,免除以往的禁教法令。因此,面对民众的自发反抗,清政府采取的政策是:"一、杀戮、监禁反教会的首领;二、饬令地方官员派兵保护教堂、教士;三、赔偿教会教士的所谓损失;四、向教士、外国领事馆谢罪。"[①]在此背景下,安徽民众最终并没能抵制住西方教会势力的影响,反而促使教会在安徽获得合法化地位并得以更顺畅地深入安徽内地;西方教会的影响,也从最初单一的教堂内传教扩展到安徽教育和文化宣传领域。教会学校开始在安徽招收学生,宣扬基督上帝,"在校学生都要参加集体的宗教崇拜活动"[②]。当时安徽的教会学校规定《圣经》为学生必修的德育课,凡《圣经》不及格者,就不准升学、毕业,同时教会学校以毕业后可以直升教会大学、出国留学、做神父等优越条件诱惑青年学生信教。与此同时,当时的教会学校也传播了西方文化。根据《安庆圣保罗中学史话》一书记载,这些教会学校相当重视英文教学,学生入校时,给每人起一个英文名字;中文教学每天只有一二小时,其余课程全为英文,英文课程采用的全是西方原版教材,而且教会学校对学生采用硬性规定:从课堂用语到自习、早操用语,全部都用英语进行;有的教会还办有刊物,"先后在芜湖、安庆发行双月刊、月刊、半月刊和周刊等各种刊物。同时在上述

---

① 中共安徽省委党史工作委员会:《安徽现代革命史资料长编》,合肥:安徽人民出版社,1986年,第51页。
② 安庆市政协文史资料委员会:《安庆文史资料》(第25辑·民族宗教专辑),1994年,第294页。

两地建立了印书馆,进行西方文明的宣传"①。而当时"最大的一群英文报纸阅读者,还是年轻一代的中国人,中国的知识分子,他们是市立学校和教会学校的毕业生和在校学生。这些年轻人是刚刚对世界性的事务发生兴趣,特别是对第一次世界大战表示关切","在那些聪明的、年轻的中国大学和中学毕业生中,包括很多年轻的女性在内,都在外国人和中国人经营的贸易公司中、工厂里、银行、报社、大学或学院以及政府机关工作。很多年长的官员和行政首长,没有不需要这些接受过现代化教育的年轻人的帮助"②。

受教会兴办学校、宣扬西方文化的影响,安徽当地的进步士绅也开始积极投身新式教育和其他具有西方倾向的文化事业。虽然新旧之争方兴未艾,但是此时的安徽已经不可避免地踏上了西化之路。"中国的文明(包括科学)本来就有自己独特的传统和独立的发展道路","但是,东西方的交流改变了这一切。先是传教士东来、西学东渐,后是船坚炮利打开了中国闭关自守的大门。于是不自觉地和自觉地开始了向西方的学习,开始了西方近代文明、首先是西方近代科学文化在中国的传播"③。不论士绅们如何留恋传统式的宁静古朴,也不论民众以怎样个人或群体的行为来"斩妖灭洋",西化的大趋势业已呈现,并自上而下畅行于安徽境内,掀起了革故鼎新的"改制"风潮。

---

① 安徽省宗教事务委员会:《安徽天主教传教史》,内部发行,第40页。
② [美]约翰·本杰明·鲍惠尔:《在中国二十五年——上海〈密勒氏评论报〉主持人鲍惠尔回忆录》,尹雪曼、李宇晖、雷颐译,合肥:黄山书社,2008年,第13页。创刊于1917年的上海英文报纸《密勒氏评论报》是一份以介绍并评论远东和中国情况为主要内容的报纸,于1950年改名为《中国每月评论》,1918年底由约翰·本杰明·鲍惠尔主编,本书即约翰·本杰明·鲍惠尔在华(1917~1942)经历的回忆录,大量涉及民初和抗战时中国社会的政治、民生史料。在中国近现代历史中,洋记者扮演着一种特别的角色,他们既是兴奋的外来观光客,同时也是认真的历史见证者。
③ 刘大椿、吴向红:《新学苦旅——中国科学文化兴起的历程》,桂林:广西师范大学出版社,2003年,第6页。

### 三、新型知识分子群体的政治启蒙运动

任何一个社会的转型,都绝不可能是一个偶然突发的历史现象,而是内部不稳定因素与外在社会条件相互影响、相互作用的必然结果。1901年清政府宣布实行"新政",这些改良主义的措施借鉴了外国尤其是日本政治、经济和教育改革的经验,试图在不改变清廷封建统治的前提下移用一些西方做法,诸如废除科举、举办新学、设置法院、警政革新、创办报纸、筹备立宪组织等,以缓解所面临的内忧外患的危急形势。在安徽,这些具有西化倾向的改良主义措施也得到了一定程度的贯彻。但是,这场清末社会变革是清政府在西方势力的直接压力下被迫进行的,"清政府实行新政,作为国家权力向基层延伸的重要一环,带有强制性和掠夺性,掌握地方权力的官绅将由此增加的财政负担转嫁到民众身上,使其已经苦不堪言的生活更加艰难,因而激起普遍反抗、毁学、抗税、抵制户籍调查的风潮层出不穷"[①]。与此同时,随着西方国家对中国军事侵略的加剧,一向以世界中心、泱泱大国自居的中华文化在以"船坚炮利"为后盾的西方文化面前黯然失色,特别是《马关条约》、《辛丑条约》、《中俄密约》等一系列不平等条约的签订,更显示出传统文化的颓势,这一现状激发了全国各界包括安徽知识界人士强烈的爱国主义和民族主义热情。救亡图存的社会形势引发了知识群体的革新意识,面对新旧转变、寻求出路的社会文化需求,一批具有革新意识的知识分子站到思想战线的前沿。他们开始探索中华民族以及中国文化的出路,通过组织革命团体,开展爱国运动,走上了民主革命的道路。"他们大都与清末民国间的政治有着千丝万缕的关系,学者、革命者和教育者集于一身,正是五四新文化运动倡导力量的共性,也是第一代近代知识分子的特点。他们不是后继的启蒙者要去补前此辛亥革命的救亡者的不足,而是他们自始则承担着救亡和启蒙的双重重任。革命与启蒙并举是这一代革命知识分子强烈的价值取向,并符合

---

① 桑兵:《清末新知识界的社团与活动》,北京:三联书店,1995年,第294页。

中国所面临国势凌夷、文明落后的双重困局"①，这也让安徽新文化运动获得了历史性机遇。

1902年初，因听闻清政府要和沙皇俄国签订密约，陈独秀和潘赞化由日本回到了安庆，和葛温仲、何春台等人一起组织当地的世族子弟及青年学生，在安庆的藏书楼发起了拒俄演说会，"是时参加者，安徽大学堂学生十余人，安徽武备学堂学生十余人"②。他们宣传民族、民主思想，集会讨论拯救国家的方法，探求革除时弊的途径；为了扩大宣传，还将藏书楼所存的书报全部展出，供人阅读，并向当时安徽的有识之士大力推荐由康有为、梁启超创办的《时务报》等社会时政报刊；在藏书楼专辟阅览室，陈列各种"从东京、上海等地带回的革命书刊"③。从这个层面看，安徽最早的公共图书馆，当为此时的安庆藏书楼。

根据1902年签订的《中俄交收东三省条约》规定，沙俄军队应该分三期撤回远东境内。但是俄方不仅拒不撤军，还向清政府提出7条无理要求，企图霸占东三省，并对当地的民众随意打杀。消息传来后，1903年5月17日，安徽大学堂、武备学堂、桐城公学各学堂学生约200人，以及看到大会组织事先贴出的"知启"（通知）而赶来的100多人，集会于安庆北门拐角的藏书楼内，举行了拒俄爱国演说。5月26日的《苏报》报道了演说会的盛况，"是日大雨，到者故止此数。书楼甚窄，多立门外而听"，"此吾皖第一次大会，而居然有如许气象，诚为难得"。虽当天大雨滂沱，但与会人员仍"众情踊跃，气象万千"。各学堂计划参与演说会的学生更是"纷纷告假，多有不上课者"，他们准备联合起来要求巡抚"电阻俄约"。

作为此次活动的号召人、发动人和组织者，陈独秀第一个登上讲台，开始了"安徽爱国会演说"。他逐一批驳俄国提出的7项新要求，"诚如是约，举凡政权、商权、矿路权、兵权、税权，

---

① 陈万雄：《五四新文化的源流》，北京：三联书店，1997年，第185页。
② 柏文蔚：《柏烈武五十年大事记》，《纪念柏文蔚先生》，1986年，第8页。
③ 安庆市政协文史资料研究会、安庆市编史修志办公室、安庆市档案馆：《安庆文史资料》（第1辑·纪念辛亥革命七十周年），1981年，第2页。

均归俄人之手,则东三省已非我有",并大声疾呼:"全国人既如上沉梦不醒,我等既稍育一知半解,再委弃不顾,则神州四百兆人岂非无一人耶!故我等在全国中虽居少数之少数,亦必尽力将国事担任起来,庶使后世读中国亡国史者,勿谓此时中国无一人也"(《苏报》,1903年5月26日)。在这次集会中,陈独秀发起并成立了爱国会组织,"安庆各学堂及机关人士,参加者日益踊跃,凡声所播,闻者兴起"①。安徽爱国会的宗旨是:"因外患日亟,结合士群为一体,发爱国之思想,振尚武之精神,使人人能执干戈为社稷,以为恢复国权基础。"(《苏报》1903年6月7日)《苏报》1903年6月7日刊发《安徽爱国会拟章》时,就此发表按语说:"此事于国家前途大有影响,事虽不成,其拟章实是为安徽志士之一纪念,故录之。"

"清朝末叶,安徽的革命运动,发端于安庆藏书楼演说"②。"藏书楼演说虽昙花一现,然实为安庆革命第一声,安庆为革命枢纽者,亦基于是也"③。它对当时安徽思想界产生了重要影响,使得沉寂多年的安徽社会活跃起来,新型知识分子群集并开始发声。藏书楼演说标志着陈独秀等进步知识分子开始在安徽政治文化舞台上崭露头角。他们已经不满足于依靠明君、清官来进行社会改良,而是转向"对下"启蒙,以"开启民智"的方式来争取自己对于中国政治社会及文化思想界的话语权和领导权。以陈独秀为代表的知识分子在这一时期开展的思想启蒙活动主要形式是文化宣传和讲演鼓动,着力点是国民的思想启蒙及爱国意识的培养。这一群体传播新文化、新思想的活动,不仅给予当时封闭的社会以震动,而且促进了安徽地区文化的更迭,推动了社会评判标准、伦理规范以及大众价值取向、思维方式的重建与更新,开启了以社会言论方式进行新文化运动动员之先河。

岳王会,顾名思义,"这个会的取义,是要大家效法岳武穆的精忠报国,实际上是一个专搞军事运动的机关。会员入会,

---

① 《辛亥革命安徽资料汇编》,合肥:黄山书社,1990年,第166页。
② 《辛亥革命回忆录》(四),北京:文史资料出版社,1981年,第382页。
③ 《辛亥革命回忆录》(四),北京:文史资料出版社,1981年,第382页。

采取江湖上习用的烧香、宣誓方式,绝对保守秘密,不作对外宣传"①。这是陈独秀与时任安徽公学体操教员、后来担任安徽都督的柏文蔚秘密集结的反清团体,成员主要是原武备练军同学会成员,新军、警察学堂中的革命分子和安徽公学中的进步学生。"岳王会是在柏文蔚领导的练军与陈独秀领导的安徽公学的基础上建立起来的,是反清思想动员与武装动员的结合"②。1905年,陈独秀联合柏文蔚、常恒芳等人,在芜湖关帝庙秘密组建了岳王会,陈独秀被推选为会长。"于中学及师范两校以内,集学生之优秀者联络组织,成立岳王会。盖岳武穆抵抗辽金,至死不变,吾人须继其志,尽力反清。此种组织,陈仲甫、常恒芳诸君皆为最重要分子"③。

从社团的组织形式看,岳王会还属于旧式兄弟义气式的团体,带有一定的江湖味,但从它的机构性质、人员活动以及思想动态来看,它又具备新式革命团体的雏形,"岳王会的总部仍设在芜湖,由陈独秀当会长;南京柏烈武为分部长,安庆的分部长就是我(常恒芳——笔者注)"④。岳王会的安庆分部成立后,即以运动和启蒙新军为主要任务,"吸收对象主要是军人。而会员为了运动新军,投入新军当兵的也不少,后来形成了一部分强有力的革命力量"⑤,曾被誉为"安庆军界运动革命最先之组织"⑥。在陈独秀、常恒芳、柏文蔚等人的精心运营下,岳王会在当时长江中下游一带颇具影响。辛亥革命前的安徽革命者,许多人都曾经参加过这个组织或与之有过密切联系,"今可考者,除陈独秀、柏文蔚、常恒芳外,尚有倪映典、宋玉琳、薛哲、方刚、郑赞丞、吴旸谷、张劲夫、熊成基、刘文典、孙万乘、金维系等40

---

① 《辛亥风雷》,合肥:安徽人民出版社,1987年,第45页。
② 朱庆葆:《传统城市的近代命运——清末民初安庆城市近代化研究》,合肥:安徽教育出版社,2001年,第85页。
③ 柏文蔚:《柏烈武五十年大事记》,《纪念柏文蔚先生》,1986年,第10页。
④ 常恒芳:《辛亥革命回忆录》,转引自张湘炳:《史海抔浪集:陈独秀并辛亥革命问题研究》,天津:天津社会科学院出版社,1993年,第199页。
⑤ 柏文蔚:《五十年经历》,《近代史资料》,1979年第3期。
⑥ 冯自由:《革命逸史》,北京:中华书局,1981年,第163页。

余人"①。

在同盟会成立后不久,作为安徽区域的领导人,吴旸谷曾奉命回国招募新会员,他就将目光瞄向了当时安徽最具影响力的革命团体——岳王会。1906年春,吴旸谷约请岳王会南京分会会员柏文蔚、倪映典、胡维栋、龚振鹏等在南京鸡鸣寺密会,动员他们加入同盟会,柏文蔚率领岳王会南京分会全体成员加入了由孙中山倡导组织的同盟会。在柏文蔚等人的支持与安排下,吴旸谷前往芜湖,向包括安徽公学学生在内的安徽青年传递了全国革命现状的信息,用安徽公学师范班学生常恒芳的话说,"从日本回来的吴旸谷将孙先生的主张、组织章程和书籍带回来啦!从此以后,就干得更有劲了"②。据1905年、1906年的同盟会会员名册统计,在最初两年中加入同盟会的成员共950多人,其中安徽的会员,居各省人数的第五位,仅次于湖南、四川、广东和湖北。

岳王会的成立,使得安徽的知识分子冲破地域限制,迈上更大的社会舞台。面对风雨飘摇、动荡不安的时局,知识分子自身的生存、个人价值的实现等问题,与国家的前景命运、民众的苦乐忧患连在了一起。这些新型知识分子对于中国社会封建势力的反抗,不再局限于文化层面上的著文立说,也不再幻想自上而下的改良,而开始诉诸社会和政治层面的对抗。"'岳王会'在辛亥革命的重要性有不逊于'光复会'和'华兴会'的地方,是安徽、江苏革命力量的母体。尤其在革命武装力量依俾极深的新军的组织上,岳王会中人行之最早,华中和广东新军革命力量奠基者,大都是该会中人"③。岳王会的领导者注重发掘新军中潜在的进步革命武装力量,新军一时之间成为当时安徽革新运动的主力军,如马炮营起义是中国现代知识分子第一次依靠新军发动的起义。这次起义虽然以失败而告终,但给予

---

① 张湘炳:《史海抔浪集:陈独秀并辛亥革命问题研究》,天津:天津社会科学院出版社,1993年,第198页。
② 张湘炳:《史海抔浪集:陈独秀并辛亥革命问题研究》,天津:天津社会科学院出版社,1993年,第207页。
③ 陈万雄:《五四新文化的源流》,北京:三联书店,1997年,第56页。

当时全国的革命党人以巨大影响,使他们更加清楚地认识到进行新思潮宣传的重要性和启蒙的巨大力量,从而更加重视对新军的组织与发动工作,并使得新军群体逐渐成为改变社会的主要力量。

在知识分子的启蒙和社会外力的作用下,中国的旧有制度正在逐步瓦解,新的社会文化形态仍在建设。"只要这些村镇城市不接触现代文明,中国就可以一直原封不动,如果中国能在通商口岸四周筑起高墙,中国也可能再经几百年而一成不变"①。可惜,"'青山遮不住,毕竟东流去。'中国社会已然经历了巨大的变动,旧的社会平衡被打破了,无论晚清政府采取怎样的查禁手段,安徽核心地带的精魂,已经维系在革故鼎新之中了"②。

## 第二节 新文化运动前安徽的教育文化

近代中国教育领域的最大革新之举莫过于科举制度的废除,这一革新之举促使知识分子开始将个人的学问追求与现实的富国强兵联系在一起。知识分子开始走出书斋,由传统的为上层建筑、贵族服务的政治幕僚转化为启蒙、唤醒普通民众的精英群体。同样是以知识谋生,但此时的知识分子不再是为上层服务,而是彰显自身的存在。中国社会中对于西方文明这种态度的转变,不仅存在于世袭的满族贵族中,也存在于李鸿章这样的汉族官僚中,还存在于废除科举后出现的以知识安身立命的新型知识分子中。

科举制度废除后,安徽出现了大量的实业学堂,西方的近代科学知识在安徽传统的正规理论教化教育中开始占一席之地。新知识形成的新视野,促使安徽的这群知识分子得以重新审视和思考既定的社会文化观念、规范,促使他们更加积极地

---

① 蒋梦麟:《西潮・新潮》,长沙:岳麓书社,2000年,第17页。
② 参见章玉政:《狂人刘文典——远去的国学大师及其时代》,桂林:广西师范大学出版社,2008年,第8页。

参与社会文化与政治体制的创新。一个新型知识分子群体逐渐形成并在安徽聚集,而这一更具现代眼光和视野的知识分子群体,成为后来全国新文化运动的主体力量。

清末安徽以求是学堂为代表的新式学堂,虽然没有超越当时清政府拟定的"中学为体,西学为用"的教学原则,但从其课程设置来看,这些新学堂显然受到了西方文化的广泛影响,并为西方文化在安徽的传播提供了合法基地与场所,既为安徽宣传科学文化知识、启迪民主自由和开启民智奠定了基础,也为后来新文化运动的兴起与发展准备了条件。

安徽还是当时全国派遣出国留学生较早的省份之一。留学生群体的出现,更推动了新知识分子群体在中国的形成,这一群体虽然受过旧学教育,但在西学的直接冲击下,已然没有旧式文人观念上的迂腐和政治上的保守。他们在求学过程中,已迸发出对于新文化尤其是西方民主科学知识追求的火花。

安徽公学是新型知识分子群体开展教学实践、传播民主思想和科学新知以及具有初步革命思想的政治人士聚集的重要场所,它还是当时安徽教育界和文化界的中心。安徽公学延揽名师,成为当时安徽首屈一指的革命新学机构,其培养的大多数学生在日后安徽乃至全国的新文化运动中表现积极。

## 一、废科举

教育与个人政治前途的紧密结合是中国传统教育的一个典型特征,受以科举为目的的学堂教育、私人传授式的重文轻理的应试教育的影响,近代中国的现代化变迁大受干扰。"自有科举制度以后,中国便产生了一个功名社会。一群群儒学知识分子通过读书考试脱颖而出,成为不同于编户齐民的官与绅"[1]。梁启超曾愤然斥责前清的学制之弊:"其误国最甚者,莫如奖励出身之制。以官制为学生受学之报酬,遂使学生以得官为求学之目的,以求学为得官之手段。其在学校之日,希望者为毕业之分数与得官之等差;及毕业以后,即抛弃学业而作官矣","故中国兴学十余年,不仅学问不发达,而通国学生,且不

---

[1] 杨国强:《晚清的士人与世相》,北京:三联书店,2008年,第1页。

知学问为何物"①。

作为安徽省的政治中心兼文化教育中心,安庆的文化教育在获得官方支持的同时,也不可避免地受到主流政治思想的约束。安庆众多的教育机构的教学内容主要是向学生传授儒家的经典文献和古文旧诗,目的是为清廷培养政治人才,并对年轻人施行封建教化以维持清政府对安徽的控制。"以科举为导向的儒家精英文化是安庆传统文化的主流,它对于强化安庆政治中心功能和施行儒家教化、维持传统秩序有相当作用。相比之下,民众教育落后"②,学堂无论是官办还是私立,毕业生都以考取功名为人生大义,"做官可以光宗耀祖,几百年来,年轻人无不心向往之……在另一方面,新近发财的人可以享受新颖奇巧的外国货,这般人的生活也是一种强烈的引诱。名利之间的选择,多少与一个人思想中所已灌输进去的观念和理想有点关联"③。在权势的诱惑和利益的驱使下,青年学子从书斋里一心向学的文人变成奔走于官场中的政治投机商,"学生既艳得官之虚荣,自不惮考试之劳瘁,而工农商之事若浼焉有所不屑",结果必然是"人才将消磨无有"④。

1905年,为了变法图强,推进新学,清廷废除了绵延千年之久的科举取士制度。"著自丙午科为始,所有乡会试一律停止,各省岁科考试亦即停止"⑤,科举制正式废除。"科举制本质上是知识阶层(士子)向政治领域(官僚)进军的一条最主要途径甚或是唯一途径。科举制的废除一下子把这纽带强行割断

---

① 转引自桑兵:《晚清学堂学生与社会变迁》,上海:学林出版社,1995年,第418页。

② 朱庆葆:《传统城市的近代命运——清末民初安庆城市近代化研究》,合肥:安徽教育出版社,2001年,第25页。

③ 蒋梦麟:《西潮·新潮》,长沙:岳麓书社,2000年,第45页。

④ 《交通大学校史》编写组:《交通大学校史(1896~1949)》,上海:上海教育出版社,1986年,第66~67页。

⑤ 舒新城编:《中国近代教育史资料》(上),上海:中华书局,1928年,第66页。

了"①。信奉"学而优则仕"信条的读书人突然间陷入个人前途的迷惘中。科举取士实际上是当时的知识分子阶层向政治领域进军最主要甚至可以说是唯一的途径,它是知识分子们改变个人命运和"光耀门楣"、影响乡里的唯一路径。它的废除无疑宣告了知识分子靠苦读经书以求政治前程的人生道路的终结,同时也预示了传统的私塾教育和书院读经讲学式的人才培养及教学模式的终结。

1906年,清政府宣布实行宪政,在全国大力倡导师范和政法教育。同年,安徽法政学堂宣告成立,它比后期法学领域名气较大的江苏法政学堂还要早办两年,每年有在校生500人左右,其课程设置主要参照京师法政学堂和日本的法政学校。安徽法政学堂是一所用近代宪法知识、司法专业知识培养官员,尤其是司法人员的学校,其创立的目的就是为日后的政治建设与司法变革提供专门人才,同时向现职官员普及相关行政司法的专业知识。安徽法政学堂为清地方政府的警政和司法机构输送了大量人才,对清末安徽乃至整个中国的政治变革都产生了一定影响。

中国传统的入仕教育普遍偏重文科,理工科等实用性科目重视程度不够,学生缺乏自然科学知识和手工技能的训练。科举制度废除后,知识分子开始被迫改变以往的学习模式,他们将个人的学问追求与富国强兵联系在一起,以寻求新的谋生之路和社会地位。这一变革促进了中国新式教育模式的形成,当时安徽的有识之士和开明官员都把办新式学堂当成改良社会风俗和政教环境的唯一方法,另外,皖南地区的近代工商业比较发达,安徽的地方教育多倾向于创办实业学校,以期造就经济人才,满足安徽近代经济发展的需求。安庆此时就创立了不少的实业学堂,其中最早的实业学堂是创立于1908年的官立中等实业学堂。"据1909年全国各省专门学堂学生统计,是年,安徽专门学堂学生为1144人,仅次于直隶、河南、江苏、四

---

① 转引自刘大椿、吴向红:《新学苦旅——中国科学文化兴起的历程》,桂林:广西师范大学出版社,2003年,第213页。

川、广东,在全国23个省居第6位"①。新式教育在传统的古代经典人文学科中引入了基础科学和手工技艺,同时吸收了西方的政治学、法学和经济学成果。这也使得西方的近代科学、手工技能及政治知识逐渐在安徽传统的正规教育中取得一席之地,教学不再是"注经问礼",而是充分发挥传授新知识和新科技的功用,自然常识和科学体系的输入使得安徽的社会风气焕然一新。

表面上,清政府推行预备立宪,将知识分子视为国家发展的中流砥柱,实际上,仍然严禁他们接受和接触任何形式的西方政治体系实践。强令各省在废除科举制、承办新学堂的同时必须开设存古学堂,用以"存国粹而息乱源"②,企图借保存旧伦理道德之学来维系封建专制统治的命脉,防范学生在新学的熏陶下"离经叛道"。"早期引入的一些西式教育,只是对科举制度的补充。在一般士子眼中,科举之路仍是正途"。"当时的中国知识分子和政治家们普遍认为",要将"西式教育置于朝廷严格控制下,西式学校全部由中国人管理,全部用中文讲授,各类人文学科均坚持以中国学问为'指导思想',以及必须在学校灌输一种名曰'国粹'的民族意识"③。

1907年,张之洞因"目击新学之日进,大惧旧学之沦亡,故于湖北倡办存古学堂,以为各省之先导"④。响应此号召,1909年程仲威创办了安徽存古学堂,该学堂以"彰明旧学,保存国粹"为宗旨。但是,强调"物竞天择"的进化论思想以及其他现代科学观念输入中国以后,年轻一代的思想观念发生了急剧变化,"适者生存"、"优胜劣汰"的进化论观念深入中国知识分子的内心,成为他们透视世界、评定文化及社会现象的基本尺度。青年知识分子用其所学的西学知识,建构起现代的文化心理,

---

① 王鹤鸣:《安徽近代经济探讨(1840~1949)》,北京:中国展望出版社,1987年,第233页。
② 转引自桑兵:《晚清学堂学生与社会变迁》,上海:学林出版社,1995年,第178页。
③ 刘大椿、吴向红:《新学苦旅——中国科学文化兴起的历程》,桂林:广西师范大学出版社,2003年,第212页。
④ 庄俞:《论各省可不设存古学堂》,《教育杂志》,1911年6月6日。

"从童子士子变为名副其实的学生,既体现于个体素质的改善提高,也表现于群体关系的整合重构"[1]。这批新教育体系下的知识分子不仅完成了对清政府从厌恶不满到仇视否定的心路历程,而且初步实现了知识结构和文化心态的转型,他们期盼着一个全新的民主制政权的诞生,并随时准备为之而奋斗。"新知识群体已经聚合发展,形成独立的社会力量,具有相对固定的角色地位,并要求通过自己的社团组织与活动,进一步扩大社会影响"[2]。其中,学生群体的出现,正式宣告了清王朝的思想禁锢在教育界的逐步失控,是近代中国社会关系变动的重要体现。

新式教育的逐步制度化、体系化和普及,培育出一个庞大的新型社会群体——学生群体,"在兴学过程里作育出来的众多学堂中人和游学之士大半刚刚从传统士人转化而来。然而与传统士人相比,百万学生因求学而聚合,由聚合而呼应,显然正在形成另一种社会群体。他们学到的新知识常常很快地化为评判时代的激扬文字,并由此议论而演生出大大小小的宗派和团体。在后来的岁月里,这些都成了官界控驭不了的东西"[3]。作为社会变动的一个新因素,共同的革新信念与社会文化责任感促使这一群体联合斗争,教育界的团结因而得到进一步巩固与发展。不同于科举制之下的学堂,此时的进步教师与学生声息相通,荣辱与共,不少师生也因此成为学潮运动的倡导者和支持者。教师群体应对政府的策略及面对时事的眼光,相较于学堂里的青年学子而言,要成熟得多,在他们的影响和引导下,学生的抗争意识有了极大增强。随着学生人数的增加,他们之间的联系也逐步加强,因此,因对社会不满而开展的较大规模的区域性联合罢课也日益增多,比如1908年安徽学生听闻清廷欲以浦信路和铜官山矿权交换苏杭甬路权,立即相

---

[1] 桑兵:《晚清学堂学生与社会变迁》,上海:学林出版社,1995年,第185页。

[2] 桑兵:《清末新知识界的社团与活动》,北京:三联书店,1995年,第197页。

[3] 杨国强:《晚清的士人与世相》,北京:三联书店,2008年,第250页。

约停课,讨论争回办法,又邀集高等、中学等校举行联合会议。在清末民初安徽绅、商、军、学、工、农各界的爱国民主斗争中,学潮已经成为推动社会变革的重要方式。学生们的抗议行动虽然不能决定政治斗争的成败,却充分反映社会人心的向背,显示出社会变动的方向,再加之青年学生充满冲劲的个性特征,此时的学生群体成为当时社会文化生活中最活跃、最激进的力量。

近代中国学生心中有关社会体制的美好蓝图,就是建立一个独立、民主、富强的新型国家。他们认为,只要改变封建的思维方式,那么政治、经济、军事、技术等社会层面的改革也将水到渠成。"学生继承发扬了士人忧国忧民的良知意识和经世致用的务实精神,并把少数人的追求泛化为群体的实践,社会责任感大为增强"[①]。因此,对于民主社会体系及西方文化的追求,不仅成为当时学生活动的主导,而且促使他们一再地表现出为民众呐喊代言以及启迪民智的强烈意向。事实上,学生们的宣传大大拓展了报纸等大众传媒的覆盖面,使得千百年来对时政信息几乎不知晓的下层民众焕发出空前高涨的政治热情。如果说中国古代知识分子对于人生道路选择的着力点是个人政治目标的实现,希冀通过政治活动利用其拥有的知识获取经济财富和社会地位,那么,随着科举制度的废除和封建帝制的终结,这条实现个人价值的道路无疑已行不通,教育模式的改革,使得知识分子的价值观念发生了重大转变,思想文化的启蒙运动成为现代知识分子证明个人人生价值和实现自我抱负最主要的活动方式。

一个新型知识分子群体逐渐形成并集聚安徽,而这更具现代性特点的知识分子群体,正是后来全国新文化运动的主体力量。他们与戊戌变法、辛亥革命时期出现的知识分子群体不同,新的社会环境造就了新一代的知识分子,社会的新旧交替,个人的知识更新,促使他们重新审视和思考以往固守的观念规范,他们也更为积极地参与文化创新,并直接推动了后期新文

---

① 桑兵:《晚清学堂学生与社会变迁》,上海:学林出版社,1995年,第170页。

化运动的兴起。

## 二、兴学堂

安徽的新式教育开始于清朝末年。"自光绪二十四年(1898)始办新学,到宣统三年(1911),13年间共办有学校1087所,年均发展83所"①。1901年,清政府实行"新政",教育变革成为"新政"的重点内容之一,在全国范围内掀起了兴办新学堂的热潮,新式学堂和学生人数都有了较大幅度增加。"1904年,全国有新式学堂4222所,到1909年增至52348所,5年间新式学堂增长了近12倍;而就新式学堂在读人数而言,到辛亥革命时学生总数已达到300万左右,是1905年的近12倍"②。虽然清政府革新教育制度的指导思想并没有超出"中学为体,西学为用"的范围,也曾三令五申要求各级学堂"当以四书五经、纲常大义为主,以历代史鉴及中外政治艺学为辅","均以学瀹其智识,练其艺能"③。清末这场官方下令地方执行的教育变革,是以西方的教育体系为参照的,无论是办学形式还是教改内容,都受到西方文化的广泛渗透,与以往的私塾式教学在方式和课程设置上有着明显不同。安徽此时兴办的各类新学堂中,针对西方文化的教学内容占有相当大比重。遵循"中体西用"的原则,这些新兴学堂"以'四书'、'五经'、'纲常大义'为主要传授内容,同时增设了英语、算术、历史、地理、法制、格致、体操、图画等必修科。新式学校客观上承担了培养社会新型人才的重任"④。这些新式学堂在教学内容上广泛地向青年学子传授西方的文化知识和科学技术;在体制上,开始由封建书院向近代学校转化。它们已成为当时安徽传播西方文化的合法教育中心,也是新型知识分子宣传主张、聚会交友的合法基地。

---

① 安徽省地方志编纂委员会:《安徽省志·教育志》,合肥:安徽人民出版社,1997年,第14页。

② 桑兵:《清末兴学热潮与社会变迁》,《历史研究》,1986年第6期。

③ 《辛亥革命在安徽》,北京:中国文史出版社,1991年,第48页。

④ 郝先中:《五四时期皖籍先进知识分子群体的产生及其典型特征》,《民国档案》,2003年第3期。

在清末,安徽的文化教育水平位于全国前列。"早在清同治十一年(1872),安庆就曾办有尚文小学堂,安徽第一所求是学堂,创办于清光绪二十四年,比清政府正式颁布学堂章程还早4年"①。就全国而言,当时安徽开办新式教育时间较早、规模较大、学校数量也较多。在安徽,"新式学堂1901年只有安庆的一所求是大学堂,学生200多人。到了1907年,全省共设立3所高等学堂、21所中学堂、497所小学堂、14所中等师范学堂、4所实业学堂,在校学生达1.6万多人"②。"据1908年统计,全省共有中学堂23所,学生人数最多的是颍州府立中学堂,为133人,学生人数最少的是广德州中学堂,为15人,平均每校约67人,总共1548人"③。到1911年,"全省共有官办和公办的中学堂27所"④。1901年,清政府颁布了兴学令后,安徽各府、州、县都创办了小学,到1904年,"全省共有小学38所,其中官立17所、公立12所、私立9所"。到1909年,"安徽全省小学共657所,其中高等小学堂74所,两等小学堂147所,女子小学堂16所"⑤。1912年中华民国成立后,教育部颁布了新的教育宗旨并制定了新的学制,先后担任安徽都督府秘书长的陈独秀、李光炯提倡新教之风,全省办学数量增加迅速,位居全国第17位。这些新式学堂虽然面向人群参差不齐,师资力量不均衡,贯彻西学的深度也不尽相同;但它们都将西方文化作为教学的主要内容。各类新学的创办形成了合力,有效地推动了安徽教育的现代化进程。"先进的传播技术、先进的交通工具乃至先进的科学思想,这些由上一辈人——包括洋务官员和李善兰、华蘅芳等学者——创作出来的先进环境,改造

---

① 安徽省地方志编纂委员会:《安徽省志·教育志》,合肥:安徽人民出版社,1997年,第13页。
② 《辛亥革命在安徽》,北京:中国文史出版社,1991年,第47~48页。
③ 中国人民政治协商会议安徽省委员会文史资料研究委员会编:《安徽文史集萃丛书之六:文教史踪》,合肥:安徽人民出版社,1987年,第2页。
④ 安徽省地方志编纂委员会:《安徽省志·教育志》,合肥:安徽人民出版社,1997年,第149页。
⑤ 安徽省地方志编纂委员会:《安徽省志·教育志》,合肥:安徽人民出版社,1997年,第72页。

了新一代的知识分子,使他们开始萌发出自主意识,并且拥有了实践这种自主意识的物质条件"[1]。

"安徽最早设立的高等学校是1898年安徽巡抚邓华熙奏准改敬敷书院而成立的求是学堂,后改称大学堂,复又改名安徽高等学堂"[2]。1896年,时任安徽巡抚的邓华熙向清政府呈请开办学堂,他在上书中提议在安徽地区开办新式学堂,并指出开办新式学堂的迫切性和必要性,"旧有书院已不能担起西学的重责,京津地区已设有头等学堂,各省宜办二等学堂,以保证头等学堂的学生来源。他还强调办学宗旨,既重西学的学习,更重圣贤文理的熏陶"[3]。求是学堂是当时安徽最高等级的新式学校,在安徽,它也是最早由官方申请开办、以西学为教学内容的高级别学校,就其教学方法和课程设置而言,它在全国都有一定的影响力和代表性。

柏文蔚就曾于1899年考入安徽求是学堂就读,学堂全新的教学内容促使他形成了新的思维方式。学习期间,柏文蔚联络、发起并组织青年励志学社,自发筹款购置新书,充实安庆藏书楼,并直接参与了前文提到的藏书楼拒俄演说,完成了从传统知识分子向现代新型知识分子的转变。1906年,学堂聘请近代中国著名的思想家和教育家严复担任学堂总办(后称监督)。《新青年》主要撰稿人之一的王星拱在此学堂读书时,严复恰巧担任学堂监督,根据王星拱的回忆,严复非常重视英文教育,注意培养学生的英文文献阅读能力,对于英语成绩优秀的学生,严复经常给予奖励。严复也曾表扬过王星拱,这让学生时期的王星拱非常兴奋,既培养了他的学习兴趣,也为他日后研习西方文献奠定了坚实的基础,而自然科学课程的设置也直接培养了王星拱的科学文化素养。

---

[1] 刘大椿、吴向红:《新学苦旅——中国科学文化兴起的历程》,桂林:广西师范大学出版社,2003年,第182页。

[2] 安徽省政协文史资料委员会:《安徽重要历史事件丛书:教坛古今》,合肥:安徽人民出版社,1999年,第39页。

[3] 《安徽文化史》编纂工作委员会:《安徽文化史》(下),南京:南京大学出版社,2000年,第2028页。

严复在担任这所学堂监督期间曾进行了一番较为彻底的整顿治理工作。他对学堂的办学目标、学制、专业课程以及教学管理都进行了比较全面的改革：一是确立了新的学制，设定学制为五年，规定在校学生必须先完成三年的基础知识，然后再分政法、实业两大专业继续深造两年；二是调整了教学的内容，根据当时在校学生的学业水平和实际情况，规定学生在校五年以学习西学为主，并规定西学必用西文教授。从上述课程设置和内容来看，学堂对西学是相当重视的。新文化运动主将之一的高一涵回忆道："那时安徽青年羡慕西方文明成了风气，因而把学习英语看作压倒一切的功课。于是安徽高等学堂内从讲堂、自修室、寝室、饭堂一直到操场，处处听到朗读英文之声。"①鉴于当时安徽还没有针对西学的正规师范学堂，而省内各个中学又急需有别于私塾先生的教师，严复特意在学生中挑选年龄较大或学习较好的，组成师范速成班，专门进行中学课程和教育学等师范专业课程的教学，毕业后即输送到省内各府县中学堂任教，这在很大程度上改变了安徽的教学模式。由于新型师资力量的引入，安徽中学的教学内容进一步转变。1906年到1909年该学堂共毕业学生225人，"毕业之后，学生成绩优秀者保送京师同文馆或出任翻译，其余的则充当其他学堂的教习"②。

安徽的新式法政教育开始于1906年，至清末，安庆先后开办官办、公办、私办三所法政学堂。1912年春，程滨遗募资筹办了私立江淮大学。程滨遗（1876～1953），安徽怀宁人，1899年赴日本明治大学学习数理，1911年至1918年期间，先后在安庆、北京两地参与创办《民嵒报》和《中原日报》。他认为，报刊应为民众喉舌，他关注社会时局，针对时事著文立说。他注重揭露社会黑暗，所创办报刊颇受当时读者欢迎，后因其撰写了《冯国璋之总统梦》一文，报馆遭警卫军捣毁，他个人也遭拘

---

① 《辛亥革命回忆录》（四），北京：文史资料出版社，1981年，第360页。

② 朱庆葆：《传统城市的近代命运——清末民初安庆城市近代化研究》，合肥：安徽教育出版社，2001年，第60页。

押半年,获释后被驱逐出京。"江淮大学,清季法政学堂之集合体,民国时法政专门学校之前身也"①。程滨遗办校期间先后聘请邓绳候、光明甫任校长,学校分为文、法两学院,其中法学院设政治、经济、法律三系。这所学堂是安徽近代第一所有明确院系建制的分科大学,首届学生就有1000余人,它成为培养革命政治新生力量的基地。

"近来有识见的人,大半以学堂的多少,定他国家的强弱,学堂办得多的,那国家必定是强,学堂办得少的,那国家必定是弱"②。学堂的教学内容和教学手法、教学理念不仅直接决定生源的质量,而且直接影响和制约整个社会的现代化进程。创办新式学堂是知识分子们为了拯救国家、展现自身社会价值而作出的努力,他们着力输入新思想,以改变社会成员封闭落后的意识,"语以保家自保国着手,务名从务实成功,与夫兴学校务实业种种爱国救时之事功"③。安徽新式学堂的创办与发展,为西方文化在安徽的传播提供了教学场所和传播基地,既为安徽宣传科学文化知识、传播民主自由和开启民智奠定了基础,也为后来新文化运动的兴起与发展准备了人才条件。

### 三、留学生群体的出现

随着晚清科举制度的废除,西学东渐,科技新文明的传入和政治时局的变化,出国留学开始在中国盛行。安徽是当时派遣出国留学生较早的省份之一,中国最早派遣赴欧洲的留学生中就有3人是安徽学生,而在1889年,皖籍学生段祺瑞、周畅亭等5人也曾以官费派遣的方式,到德国柏林军校学习军事,成为近代中国第一批正式接受西方军事教育的学生。对于深受传统伦理与文化困扰的知识分子而言,能够去国外留学显然是最好的选择,一方面他们可以去西学的发源地亲身探索和寻求拯救中华民族的方式,将他国的先进经验直接引入国内;另

---

① 《安庆师范学院百年校史(1898～1998)》,http://www.aqtc.edu.cn/bainianxiaoshi/blxs1.htm.
② 陈独秀:《整顿蒙学馆的法子》,《安徽俗话报》,1904年3月31日。
③ 《论暑假归里之学生》,《盛京时报》,1907年7月4日。

一方面又可以摆脱国内条条框框的约束,更为自由地发展个性,实现自我追求。"东亚风云大陆沉,浮槎东渡起雄心。为求富国强兵策,强忍抛妻别子情"①。这首出自当时留学生之手的诗作最能代表为数众多的留学生的求学目的。

当时安徽的留学生主要是前往日本和美国,自费留学生则以去日本居多,所学专业以师范、军事、政法为主。1902年,安徽学生方时简、潘赞化赴日留学,他们是第一批赴日留学的安徽学员。1904年,安庆农工商实业学堂也选派了5名学生赴日学习工艺技术。到1908年,"安徽列全国大省之一,留日学生当在数百人以上"②。"这些留学生们后来大多成为了新文化运动时期先进知识分子群体中的主体力量。除了官派的留学生外,还有大量的自费留学生"③,如后来新文化运动的主将陈独秀、高一涵等都曾在这股留学潮中自费留学日本。

"在当时,自费留学程序和步骤并没有官派生那么复杂和繁琐,无须严格的考核和筛选,主要视个人的家庭经济能力而定,到日本留学无疑比去西洋的路费和随后的生活费用便宜得多"④,再加上"日本对帝俄的胜利,更使中国的西化运动获得新的鼓励,这时聚集东京的中国留学生已近五万人,东京已经成为新知识的中心。国内方面,政府也开始一连串的革新运动,教育、军事、警政都已根据日本的蓝图采取新制度。许多人相信:经过日本同化修正的西方制度和组织,要比纯粹的西洋制度更能适合中国的国情,因此他们主张通过日本接受西洋文明"⑤。"甲午战争中中国的失败,引发了全民族的危机,战后迅速形成了一个向日本学习的热潮。1896年13名中国学生赴日留学,开创了中国人留学日本之始。到1906年仅留日学生

---

① 戴鞍钢:《晚清史》,上海:百家出版社,2009年,第180页。

② 安徽省地方志编纂委员会:《安徽省志·教育志》,合肥:安徽人民出版社,1997年,第569页。

③ 郝先中:《五四时期皖籍先进知识分子群体的产生及其典型特征》,《民国档案》,2003年第3期。

④ 郝先中:《五四时期皖籍先进知识分子群体的产生及其典型特征》,《民国档案》,2003年第3期。

⑤ 蒋梦麟:《西潮·新潮》,长沙:岳麓书社,2000年,第65页。

就达8000人之多。中国一下子成了世界上派出留学生最多的国家"①。据《清末各省官、自费留日学生姓名表》统计,"仅光绪三十四年至宣统二年(1908~1910),安徽官、自费留日学生就达100人,分投18所学校。其中官费生41人,自费生59人。宣统元年,安徽在校留日生43人,其中桐城籍9人,怀宁4人,定远、霍邱各3人,寿州、宿州、铜陵、歙县各2人,庐江、舒城、怀远、黟县、祁门、旌德、休宁、阜阳、全椒、天长、巢县、合肥、南陵、宣城、盱眙(今属江苏)各1人,籍贯不明1人"②。除赴日留学外,安徽也向欧美输送留学生,"第一批有丁绪贤、鲍璞12人,往后留美学生逐渐增加。1909年,安徽提学使司举行第一次留美考试,选送了10名留美学生"③。由于去欧美的费用较高,大多数留学欧美的都须通过国家组织的选拔考试,如胡适就是1910年考取了美国康奈尔大学,以官费留学。虽然留学形式不同,但并不影响这群学子对于西方文化的追求。他们以不同的方式完成了在异乡的求学,为日后的团队合作奠定了基础。

　　清末安徽的出国留学生中学有专长、造诣深厚的大有人在,他们构成了开创安徽乃至中国新文化的新一代知识分子群体。"留学生涯尽管短暂,但对他们的影响却是巨大的,最重要的不仅在于他们的知识结构发生了变化,而且在于他们接触到了各种各样的西方社会政治理论,并急切地企图把它们应用于改造中国的实践"④。回国后他们多数从事文教、新闻工作或兴办实业,这些活动在使他们赢得民众的普遍拥护,为日后的启蒙运动打下群众基础的同时,也起到了社会启蒙作用,为新思

---

① 焦润明、苏晓轩:《晚清生活掠影》,沈阳:沈阳出版社,2002年,第99页。
② 《安徽大辞典》,上海:上海辞书出版社,1992年,第450页;转引自郝先中:《五四时期皖籍先进知识分子群体的产生及其典型特征》,《民国档案》,2003年第3期。
③ 《安徽文史资料》(第15辑),合肥:安徽人民出版社,1983年,第4页;转引自郝先中:《五四时期皖籍先进知识分子群体的产生及其典型特征》,《民国档案》,2003年第3期。
④ 戴鞍钢:《晚清史》,上海:百家出版社,2009年,第180页。

想的推行做了铺垫。比如桐城人吴汝纶曾任京师大学堂总教习。1902年5月,吴汝纶专程赴日就日本的教育体系和教学内容进行了研究,根据研习结果和考察现状,写下了极具借鉴价值和富有学术含量的2万字的《东游丛录》,系统而详尽地介绍了日本的教育现状,并制定了适合中国情况的西学学制蓝图。回国后即回安徽办起了桐城学堂,并聘请日本教师早川新次来校任教,向学生传授西欧和日本先进的科学知识。

新式学堂的创办和留学生群体的形成,促进了近代中国新型知识分子群体的形成,他们不同于传统儒学教育体系下的儒生,这一"近代中国新知识群的形成,最初明显受西学东渐的影响。与此关系最密切的,一是由士绅集团中分离出来从事文教新闻事业的开明人士,二是国内新式学堂(包括国人自办与教会学堂)及留学运动培养的青年学生"①。从知识结构上看,这一知识群体所受的教育是"前无古人"的。他们一方面在幼年时期受过正规的私塾教育,打下了中国传统文化的基础,另一方面又在青年时期接受中西结合的新学堂教育,初步完成了知识结构的更新。此外,他们中的大部分又在时代的推动下去日本或欧美留学,亲眼目睹西方社会的变革,对西方的社会与文化有着较为全面而直观的感知。在发现中国与西方社会的巨大差异后,他们大脑中的治国安邦理念也随之被激发,但此时的他们已经不再是追求个人功名的儒生士子,而是以爱国救亡为己任,要求政治民主、经济开放、个人自由和社会平等的民主斗士。"新式学堂的兴办和留学运动的展开,是催生新型知识分子群体的两个主要因素。就教育制度的变革而言,两者的出现意味着从传统向现代的转换;就人才培养模式而言,两者的出现则成为划分新旧两代知识分子的界限。通过新式学堂和留学途径成长起来的知识分子全然不同于旧式教育体制下培养出来的人才风格。他们学成归来,对于推动安徽近代教育的发展,开通安徽的社会风气,促进新思想在安徽的传播,倡导民

---

① 桑兵:《清末新知识界的社团与活动》,北京:三联书店,1993年,第277页。

主革命作出了积极的贡献"①。

## 四、安徽新教育界的典型代表——安徽公学

安徽公学是当时安徽省新文化舆论的中心,这是因为在所有新学堂中,它的政治革命色彩最为鲜明。安徽公学的创办人李光炯,名德膏,安徽枞阳人。这位清末举人曾经从学于吴汝纶,1902年随吴汝纶赴日考察教育。他认真研究日本强盛的原因及西欧各国的所长,并形成较为明确的革新思维。他认为中国要由弱转强必须通过革新教育来启迪民智,通过革命手段来改革政治。1904年2月,李光炯和安徽无为人卢仲农商议,在湖南长沙创办安徽旅湘公学,接纳安徽在湘子弟学习,并聘请革命党人黄兴、赵声、张继等为教员。在1904年4月30日《安徽俗话报》第2期的"本省新闻"栏中,陈独秀还专门为安徽旅湘公学刊发了招生消息:"有本省志士李德膏君,在湖南同乡官商中,筹集经费,禀请湖南巡抚,创设安徽旅湘公学,专收安徽人,学习普通各学。前月在省城,遍贴招贴,招收学生。学中学费火费,每年只收四十千文,已于本月初一开学。听说学规功课,样样都不错,我想安徽有志求学的青年,狠(很)可以到那里去学习哩。"1904年10月,黄兴参与组建华兴会,密谋在慈禧太后70寿辰行礼之际,引爆炸药,炸死聚集在长沙万寿宫玉皇殿的湖南文武官员。不料起义消息走漏,黄兴等人被控"结党谋逆"。因受其牵连,安徽旅湘公学也受到当局的监控,正常的教学秩序都无法保证,招生也举步维艰,李光炯遂有了迁校的念头。

1904年底,安徽旅湘公学迁往芜湖,更名为"公立安徽公学堂",校址设在芜湖二街三圣坊。没多久,《安徽俗话报》第17期的附录上登出了安徽公学的招生广告:

> 本公学原名旅湘公学,在长沙开办一载,颇著成效。惟本乡人士远道求学,跋涉维艰,兹应本省绅商

---

① 郝先中:《五四时期皖籍先进知识分子群体的产生及其典型特征》,《民国档案》,2003年第3期。

之劝,改移本省,并禀拨常年巨款益加扩张,广聘海内名家教授伦理、国文、英文、算学、理化、历史、地理、体操、唱歌、图画等科。于理化一门尤所注重,已聘日本理科名家来华教授。

学额:本省百名,外省二十名。

学费:本省人不取,外省人每月收英洋二圆。

膳金:无论本省外籍,每月均收制钱二千文。

入学年龄:自十五岁起,至二十二岁止,三年卒业。

兹定于乙巳年二月内开学,有志入学者,望于二月初十前偕保人或携介绍信来本公学报名,听候考验。必须身体健康,心地诚朴,志趣远大,国文通顺者,方为合格。①

安徽公学广聘"海内名家","以培养革命骨干,散播革命种子为教育主旨"②,延揽名师。"担任教授职责的,皆为当时革命思想及行动的领袖人物"③,包括陶成章、刘师培、苏曼殊、谢无量、柏文蔚、胡渭清、潘赞化等,他们都是当时闻名全省乃至全国的文化教育人士。安徽公学的课堂,成为他们宣传自己政治主张的场所。刘师培原在上海与蔡元培共办《警钟日报》,因鼓吹反帝革命遭通缉,至芜湖后易名为金少甫,在安徽公学任教期间,他"组织黄氏学校,是专门从事暗杀者"④。1905年9月,陈独秀到安徽公学担任国文教师,并与校内教师柏文蔚、常恒芳等人组织反清革命组织"岳王会",吸纳有志之士为成员。陈独秀等人以此为阵地,以教学为掩护,联络江淮各地革命组织,

---

① 标点及段落为后加,原文无。参见章玉政:《狂人刘文典——远去的国学大师及其时代》,桂林:广西师范大学出版社,2008年,第8页。

② 《辛亥风雷》,合肥:安徽人民出版社,1987年,第44页。

③ 高语罕:《百花亭畔》,转引自张湘炳:《史海抔浪集:陈独秀并辛亥革命问题研究》,天津:天津社会科学院出版社,1993年,第186页。

④ 柏文蔚:《柏烈武五十年大事记》,《纪念柏文蔚先生》,1986年,第10页。

共谋推翻帝制,柏文蔚和"光炯诸友,皆刺血为萌加入团体"①。来校任职或教学的教员,尽管不少怀着革命宣教目的,但他们都是有真才实学之人,因此在课堂教学上,他们抛却传统儒家治世修身教育的限制,既传播现代的科学文化知识,又宣扬政治改革的进步思想,"在学校内部,除由教师经常讲说革命道理外,并指导学生传阅革命书籍刊物"②,《革命方略》、《军政府宣言》、《民报》等进步书刊都被带到公学,在学生中广泛传阅。刘师培在安徽公学任教期间,还曾发起筹建国粹学堂,编辑国学教科书5种,并提议各省、州、县编辑书籍志、乡土志,以对各地文化风俗进行整理和汇总,并通过交流,了解各地的文化历史及现状,以方便各地知识分子联络革命感情和互通信息,知识界响应的很多;李光炯在办学期间,除负责学校的行政工作外,还多次进行课堂教学,宣传民主革命思想。

为了适应安徽新学堂的迅速发展,培养具有革命思想的教师,以便更广泛地进行革命宣传,培养革命骨干,1906年4月,效仿安徽公学的教育模式,陈独秀在芜湖主持并创办了公立徽州初级师范学校。学校以西学课程为主,"博物、理化译用日本理化教科书。余科并用新出书籍"③。该校老师都聘请自安徽公学:博物、生理教员潘赞化,伦理兼心理教员金绍甫,教育兼地理、东语教员、监学陈重辅(独秀)。从当时的课程表可以看出,安徽公学所设的三个班,有意增加了以往教学中没有的课程,如每周安排有体育课,其中甲、乙班每周四节,丙班五节;而作为宣传传统文化伦理道德理念的修身课,全校每周只排一节;传统私塾教育的重大科目经学课,甲、乙班每周一节,丙班两节。徽州初级师范学校,体育课每周安排了六节;修身课与安徽公学一致,每周仅安排一节;经学课也与安徽公学丙班相

---

① 柏文蔚:《柏烈武五十年大事记》,《纪念柏文蔚先生》,1986年,第10页。

② 中国人民政治协商会议全国委员会文史资料委员会:《文史资料选辑》(第78辑),北京:文史资料出版社,1982年,第143页。

③ 汪麟昌:《署太平府汪麟昌申学务处前奉委查卑属学堂原禀表格文》,《安徽官报》,1906年第14期。

同,每周仅安排两节。两所学校同样也加大了体育课程的比例,这也与当时的社会形势密切相关,而传统教育重思想教化轻身体锻炼的状况也在这两所新式学堂得到了转变。总而言之,就徽州初级师范学校的管理人员、教师队伍、教材内容来看,这也是一所革命性极强的学校,堪称"安徽公学"第二。

除上述学校外,安徽公学与其他具有革命倾向的学校均有联系。安徽本省的学堂,如安庆的尚志学堂,桐城的崇实学堂,寿县的蒙养学堂、芍西学堂,怀远的养正学堂、萃华学堂,合肥的城西学堂,定远的储才学堂,歙县的新安学堂等,都唯安徽公学马首是瞻;它还与东京同盟会本部、南京、安庆、合肥等地的革命组织互通声息。安徽公学成为安徽首屈一指的革命新学,是当时安徽新知识群体中最有声望的一所学校。学生所受新学影响很深,学生中活跃分子如刘叔雅(文典)、刘少熙、孙品骖、朱长城等,也都是新文化运动中的重要人物。安徽公学在兴办学堂、普及西化教育方面的努力,既起到传播民主意识和科学新知的作用,也有助于聚集和培养革命人才。这里曾是安徽省新文化运动领袖人物荟萃的地方,是"当时皖省革命志士心中的一面旗帜"[1],更是皖省革命舆论的中心,不仅"成为中江流域革命运动的中心,也成了中江流域文化运动的总汇"[2]。

## 第三节　安徽新文化运动的先声

创设于1903年的芜湖科学图书社,是当时安徽图书业的名牌店,后来成为上海亚东图书馆的主要分店,1938年毁于日寇战火之中。它是当时芜湖销售全国各地新书和杂志的唯一场所,也是领导和参与芜湖乃至全省新文化运动的知识分子们聚会的场所。有一副对联很能说明这家图书社在安徽乃至全国新文化运动中的地位:"给新文化做了几十年媒婆,为旧世界

---

[1]《芜湖古今》,合肥:安徽人民出版社,1983年,第143页。
[2]《辛亥革命回忆录》(四),北京:文史资料出版社,1981年,第378页。

播下数千颗逆种。"①与此同时,在全国各地"纷纷成立的学会中不乏以研习西学为主要宗旨者,即使政治性的学会也常以学习西方科学作为一项活动内容。这意味着对西学的追求已从官方转向民间,从少数一些接近西学来源(主要是外国传教士)的'精英'们那里转向广大的中下层知识分子。同时出现的民办报纸现象也指示着同样的从官方转向民间的倾向,中国知识分子不再满足于单单依靠上书乞求'皇恩浩荡'的方式,他们转向以'开民智'的方式来争取对未来中国的主导权"②。

《安徽俗话报》是20世纪初期安徽报刊史上最著名的一份报纸,虽从办刊到停刊仅仅经历了一年半的时间,但报纸业已行销全省乃至全国部分地区,在社会各阶层尤其是中下阶层中产生了广泛的影响。以它为代表的安徽近代报刊的出版与发行,对当时的安徽社会产生了巨大的影响,这些报刊虽然发行时间不固定,存续时间也较短,但它们启迪民智的先锋作用却不容忽视。这些报刊不仅宣扬了新文化和新思想,促进了政治信息和文化科学知识在普通民众中的普及,开启了民智;而且为后期的白话文运动积累了丰富经验,奠定了理论基础和实践基础。在这些近代报刊问世之前,只有具有一定社会地位的地方官绅才能获取政治信息,有资格参与政事,一般民众则被排除在政事之外。以《安徽俗话报》为代表的近代报刊,以通俗易懂的文字,着力揭露当时深刻的民族危机和专制统治的极端腐败,通过迅速而及时的信息扩散,既使得当时社会上的各种政治事件为世人所关注,也使得一些关心国事的知识分子们的观点得以集中,从而形成推动社会整体变革的冲击波。

### 一、芜湖科学图书社

芜湖科学图书社创设于1903年,书店的经理是安徽绩溪人汪孟邹,因受具有维新思想的老师胡子承和兄长汪希颜的影响,他成为新文化运动中出版界的重要人物。"胡子承先生非

---

① 《芜湖古今》,合肥:安徽人民出版社,1983年,第137页。
② 刘大椿、吴向红:《新学苦旅——中国科学文化兴起的历程》,桂林:广西师范大学出版社,2003年,第181页。

常赞成康(有为)梁(启超)的新思想",常要求汪孟邹兄弟俩"多读历史、地理以及新书、新报"①。汪希颜 1898 年前往南京求学,是当时"山城绩溪相当早的一个出门讲求新学的人"②,与章士钊曾是南京江南陆师学堂的校友。1902 年,陈独秀和潘赞化回国时,曾去南京专程拜访了安徽同乡汪希颜,并经汪希颜介绍,结识了章士钊等人。"怀宁旧家子,早岁读书有声。愚(章士钊——笔者注)因皖中贤士汪铸希颜、葛襄温仲识之"③。从章士钊的寥寥数语中,我们不难看出陈独秀、章士钊和汪希颜三人的相互欣赏,三人之间私交极好。然当年夏天汪希颜就病逝于南京,时年仅 29 岁。"陈、章二人都对汪希颜的弟弟汪孟邹有生死之交情,就是由此来的"④。在胡子承和周栋臣的帮助下,汪孟邹在芜湖长街的徽州码头开办了科学图书社。科学图书社位于当年芜湖长街的中段,是一栋旧式的两层楼房,汪孟邹将楼下分割成两间,一间作为卖书的店面,一间作为内室;楼上则被分隔成三间,作为书店员工的宿舍和存书刊的仓库。"我在绩溪城里看见过老书店……无非是《三字经》、《千字文》、《百家姓》,再是'四书',店堂又不干净,无处不是灰扑扑的,很令人讨厌。而科学图书社,大不相同,很干净,到了夜里,很亮,因为有电灯。电灯比洋油灯、灯盏,真是'天壤之别'","门口是一排六扇大玻璃窗","因为有玻璃门窗挡住,所以店门只能朝外开。俗话说:'店门朝里开,元宝滚进来。'科学图书社不管……这也是破除迷信之一。"此外,"店里没有财神菩萨的龛座","从来不烧金银纸","也没有'老太'的龛座","老太"指的是狐狸,此时芜湖的店家,"几乎家家都有一个恭恭敬敬地供养

---

① 汪原放:《亚东图书馆与陈独秀》,上海:学林出版社,2006 年,第 4 页。
② 汪原放:《亚东图书馆与陈独秀》,上海:学林出版社,2006 年,第 3 页。
③ 孤桐:《吴敬恒—梁启超—陈独秀》,《甲寅周刊》,1926 年 2 月 26 日。
④ 汪原放:《亚东图书馆与陈独秀》,上海:学林出版社,2006 年,第 7 页。

'老太'的龛座"①。这种营运方式和店面布置与传统商业模式和习俗迥异,也使得科学图书社在当地赢得"洋书店"的称谓,成为当时人们眼中的新式书店。

科学图书社最初以经营文具、仪器和教科书为主,后来主要代售上海出版的各种新书报,汪孟邹的经营理念是"顺时代的思潮,搜集最新的书籍、杂志;应各界的需要,采办最精良的仪器、文具"②,"本社创设宗旨为输入内地文明,近复增集股本,为图扩张,特约日本东京同乡诸君,并委派妥友驻沪,专司采办所有东京、上海新出书籍、图画、标本、仪器、报章等件,务求完备,以副同人创办之初心。所售各书籍因鉴于欲开民智,教育为先,故于蒙学小学所用教育书籍及用品尤所注意"(《安徽俗话报》第3期封底的广告)。"店里卖的,除教科书外,有的是反清的,如《黄帝魂》、邹容的《革命军》、《苏报》、《复报》等,还有许多创作的小说、翻译的小说、名人小传等等"③。新文化运动前后,科学图书社是当时芜湖销售全国各地新书和杂志报刊的唯一场所。汪孟邹密切关注当时市场上的新书、新报,由于进货及时,店里的新书刊更新很快,特别是像《革命军》、《苏报》这一类的反清书报都能够较早与安徽的普通读者见面。新文化运动开始后,科学图书社又积极在安徽销售各类新书刊,如《新青年》、《语丝》杂志等,因而,科学图书社在安徽乃至全国的书业同行中很有影响力,再加上书店的服务又很到位,所以科学图书社在20世纪初的安徽闻名遐迩。1922年科学图书社开业20周年之际,蔡元培、陈独秀、章士钊、胡适、陶行知等都写信或题词表示祝贺,胡适题为:"给文化做了二十年的媒婆";陶行

---

① 汪原放:《亚东图书馆与陈独秀》,上海:学林出版社,2006年,第10~11页。

② 《芜湖科学图书社的话》,《廿周(年)纪念册》,芜湖:科学图书社,1922年;转引自汪原放:《亚东图书馆与陈独秀》,上海:学林出版社,2006年,第207页。

③ 汪原放:《亚东图书馆与陈独秀》,上海:学林出版社,2006年,第12页。

知书写:"赈济二十年学术的饥荒。"①

除努力推销进步书籍和刊物外,科学图书社还不遗余力地对外发行新书和新刊物。1904年前后,科学图书社除出版绩溪著名的教育家胡子承的《高等小学修身教科书》(四册)外,还协助陈独秀出版了《安徽俗话报》,该报的编辑部就设在科学图书社的小楼上。"我(陈独秀——笔者著)那时也是二十几岁的少年,为革新感情所趋使,寄居在科学图书社的楼上,做《安徽俗话报》,日夜梦想革新大业"②。《安徽俗话报》中有关自然科学知识方面的内容,也是由科学图书社的社员章谷士和曹复生等人撰写的。1904年下半年,科学图书社成了《安徽俗话报》的总发行所,它们通过徽州商人等在全国各地设代售处58个,使得这张报纸半年时间发行即达数千份,总销售量在全国同类报刊中居首位,一时驰名全国。

科学图书社也是芜湖地区乃至安徽新文化运动知识分子们聚会的地方,是陈独秀、柏文蔚、钱杏邨(阿英)、高语罕这些知识分子思想交流的俱乐部,当时就有安徽革命策源地之称。它是传播新思想、开展革命活动的重要据点,也是革命者筹划大事的秘密集结地。陈独秀、柏文蔚等"岳王会"的骨干成员曾经常聚集在这小楼上开会。1905年吴樾赴京行刺清五大臣之前,也曾与赵声(赵伯先)、陈独秀"密计于芜湖科学图书社小楼上"③。五四运动期间,科学图书社成了芜湖教育界进步人士聚会和活动的场所,省立五中、二农、二女师等学校的教师和进步学生,常常出入书社,在此交流信息,议论时局。

科学图书社在存在的34年时间中,始终站在时代潮流前列。自创社开始,历经辛亥革命、新文化运动、五四运动和北伐战争,芜湖科学图书社既是安徽革命活动的秘密据点,也是传

---

① 《芜湖科学图书社的话》,《廿周(年)纪念册》,芜湖:科学图书社,1922年;汪原放:《亚东图书馆与陈独秀》,上海:学林出版社,2006年,第208页。

② 汪原放:《亚东图书馆与陈独秀》,上海:学林出版社,2006年,第208页。

③ 《芜湖古今》,合肥:安徽人民出版社,1983年,第135页。

播新文化、新思想的大本营,在安徽乃至全国新文化运动中有着不可取代的地位。

## 二、《安徽俗话报》

《安徽俗话报》虽命名为报,实际上由于"近代初期的报纸和杂志还没有严格的区别"①,就现在的报刊分类理念来看,它是兼具报纸与杂志的特点。"中国近代报刊源于西学东渐,来华传教士创办的近代中文报刊直接刺激了民族报业的兴起和报人群体的产生"②。"鸦片战争之前,报馆规模有限,人事至为简单。如广州的英文报馆只有编辑一人……"③"甲午战后,清政府因战败的刺激,逐步松动对舆论的限制。'一般爱国志士,新学大家,以为报纸可唤醒民众,可代表舆论,救国初步,惟此是赖,于是群起而办报焉,自是报馆林立,报纸日见其多'"④。

《安徽俗话报》筹建于安庆,实现于芜湖。1904年初陈独秀和当地桐城学堂的吴守一(汝澄)、房秩五(饬武)一起商定筹办《安徽俗话报》。"三爱为故人陈仲甫主办安徽俗话报笔名也。忆余(房秩五——笔者注)在清光绪庚子前后作童子,师于安庆,结交仲甫,少余两岁,意气甚豪。壬寅秋先师吴挚甫先生自日本考察学制回安庆,创办桐城学堂,自任堂长,命余与吴守一诸人任学长。仲甫无几日不来校,纵谈时事,极嘻笑怒骂之雄,一日约共办安徽俗话报"⑤。当年春天,由于房秩五赴日留学,吴守一回桐城教书,陈独秀将报纸的编辑部迁往芜湖,并委托芜湖科学图书社负责报纸的发行业务。由于当时的安庆是安徽省会,属于清政府的省级政权中心,当地政府对革命党人和新文化报刊的监察较为严格,而芜湖为通商口岸,不受安徽

---

① 《安徽省志·出版志》,北京:方志出版社,1998年,第57页。
② 赵建国:《分解与重构:清季民初的报界团体》,北京:三联书店,2008年,第1页。
③ 赵建国:《分解与重构:清季民初的报界团体》,北京:三联书店,2008年,第17页。
④ 赵建国:《分解与重构:清季民初的报界团体》,北京:三联书店,2008年,第27页。
⑤ 房秩五:《浮渡山房诗存》(卷四),第11页。

抚督的直接控制,文化氛围也相对宽松。1904年3月31日,在科学图书社和其他同人的全力支持下,《安徽俗话报》在芜湖创刊,报纸的稿件基本上来自内部,主要撰稿人为陈独秀、桐城学堂的教员和科学图书社的社员,内部组编稿基本上可以满足办报的需要,而报纸的"本钱,全靠各处同乡捐助"①。因此《安徽俗话报》具有同人报刊的性质,它"不仅是安徽最早的白话报,而且也是安徽最早的革命刊物"②。它的创办与迁址"标志着安庆地区的爱国力量与皖南地区革命志士的联合"③。

《安徽俗话报》采用的是白话办报,现代技术的铅字印刷,文字竖排,每期一册"十八开本,每本二十页左右"④,初步计划每月两期,朔望发行,是一本以白话文行文的半月报(刊)。当时芜湖本地还没有印刷厂,所有稿件均是在编好后邮寄到上海,由章士钊所办的"上海大陆印刷局承印"⑤,负责该局具体事宜的是安徽休宁人程吉甫。从目前安徽省图书馆所藏原件来看,《安徽俗话报》的印刷在当时属于上等水平,印制精良,墨油色重,与其他同类白话自办报纸相比较,它的印刷质量堪称佼佼。报纸在上海印好后再寄回芜湖,由科学图书社向全国发行。虽说从命名上看,《安徽俗话报》是以本省为服务对象,每期亦设有"本省新闻"栏目,但从实际刊登的稿件来看,并没有局限于报道和关注本省新闻。从第1期还可以看出,《安徽俗话报》的创刊者并没有把报纸的读者对象完全限定在安徽本地,《开办〈安徽俗话报〉的缘故》一文除表明创办目的是为了让民众通晓国内外时事外,陈独秀还特意提到了《安徽俗话报》对外发行的代派处和外地邮费问题,表明创办者在办报之初就以全国发行为目标。在报社同人的努力和科学图书社的大力协助下,《安徽俗话报》在当时安徽省内各府、州、县都设有销售

---

① 三爱:《开办〈安徽俗话报〉的缘故》,《安徽俗话报》,1904年3月31日。
② 陈万雄:《新文化运动前的陈独秀》,香港:香港中文大学出版社,1979年,第46页。
③ 《安徽革命史话》(上),合肥:黄山书社,1987年,第13页。
④ 汪原放:《亚东图书馆与陈独秀》,上海:学林出版社,2006年,第16页。
⑤ 汪原放:《亚东图书馆与陈独秀》,上海:学林出版社,2006年,第16页。

处,同时在上海、北京、南京、镇江、南昌、长沙等城市也设有代派所,随着报刊内容的更新,报刊的读者对象也逐渐摆脱皖籍这一地域限制,拓展到非皖籍群体。

和当时诸多的进步报纸一样,《安徽俗话报》是新型知识分子用以普及新知、启蒙民众和宣传科学民主思想的工具。作为民间自办的报刊,它完全由同人集资所办,且不是以经营为目的的商业性报纸。《安徽俗话报》在办报期间没有接受过任何政府津贴或官方支持,因为没有相对稳定的资金投入,较之当地其他机关报,《安徽俗话报》的办报资本并不雄厚,虽然影响了它的发行和存亡,但因不受任何财政利益集团的控制,办报的主动权和话语权完全掌握在知识分子手中,它因此获得了相对自由的发言权。《安徽俗话报》以爱国救亡和知识普及为两大主题,"有政治评论,也有社会改革的动态,还介绍社会科学、自然科学等方面的各种新思想、新知识"[1]。该报的出版发行时有间歇,一是由于常常刊发国内外的外交消息而触怒洋人,遭到当局的查禁,如第12期的《要紧的新闻》中,因指出英国与沙俄有侵吞我国西藏的野心,从而引起英驻芜领事的强烈不满,在英的抗议下,当局勒令《安徽俗话报》停刊3个多月;二是因为报纸的主要负责人陈独秀忙于在安徽各地联络革命力量,准备革命工作,无暇顾及报纸的组稿和发行工作,如20期后,报刊因陈独秀筹划组织岳王会,而停刊3个月。《安徽俗话报》于1905年正式停刊,根据汪孟邹的回忆,《安徽俗话报》实际上办了"二十三期"[2],但今天所能见到的原件仅22期[3],最后一期为21、22两期合刊,刊发的时间是1905年8月15日。

《安徽俗话报》倡导社会革新,主张以开放的理念改革时局,号召向西方学习;为了批评时事,"开通民智",并传播科学知识,报纸把对自然科学知识的宣传与批判封建陋习相结合。

---

[1] 沈寂:《陈独秀和〈安徽俗话报〉》,《安徽革命史研究资料》(第1辑),1980年,第20页。

[2] 汪孟邹:《亚东图书馆简史》,汪原放:《亚东图书馆与陈独秀》,上海:学林出版社,2006年,第225页。

[3] 另有一说第23期存于北京大学图书馆。

"第一是要把各处的事体,说给我们安徽人听听。免得大家躲在鼓里,外边事体一件都不知道。况且现在东三省的事,一天紧似一天,若有什么好歹的消息,就可以登在这报上,告诉大家,大家也好有个防备","第二是要把各项浅近的学问,用通行的俗话演出来,好教我们安徽人无钱多读书的,看了这俗话报,也可以长点见识"。正是基于此种办报理念,《安徽俗话报》无论在内容上还是在价钱上,都力求满足最广泛的读者群体的需要,报纸"……一是门类分得多,各项人看着都有益处。二是做报的都是安徽人,所说的话,大家可以懂得。三是价钱便宜,穷人也可以买得起"①。由此可以看出,《安徽俗话报》的创办并不属于士大夫阶层的文化活动,它立足于普通大众,语言、句式都尽力照顾最广大受众,办报的目的也在于推广新知而非同人间的学术交流或其他商业意图。《安徽俗话报》里的文章主要分13个门类(栏目),分别为论说、要紧的新闻、本省的新闻、历史、地理、教育(读书的法子、教书的法子)、实业、小说、诗词、闲谈、行情、要件和来文,后来增加了格致、学术、博物(调查)。报纸除文字外也刊载有图片,每期的封面设计都不尽相同,其中一、二期采用的是一个头戴绅士帽的人骑马而过,手举锦旗的图片,标注了期数;再如第6期的"日俄大战图",第13期至第15期连载的"国耻图",报纸因而显得生动活泼。在内容的安排上,做到"读书的人看了,可以长多少见识,而且本省、外省、本国、外国的事体,没有一样不知道,这真算得秀才不出门能知天下事了。教书的人看了,也可以学些教书的巧妙法子。种田的看了,也可以知道各处年成好歹。做手艺的看了,也可以学些新鲜手艺。做生意的看了,也可以晓得各处的行情。做官的看了,也可以明白各处的利弊。当兵的看了,也可以知道各处的虚实。女人、孩子们看了,也可以多认些字,学点文法,还看些有趣的小说,学些好听的歌儿。就是有钱的人,一件事都不想做,躺在鸦片烟灯上,拿一本这俗话报,看看里边的小说、戏曲和各样的笑话儿,也着实可以消遣。做小生意的人,为了衣

---

① 三爱:《开办〈安徽俗话报〉的缘故》,《安徽俗话报》,1904年3月31日。

食儿女,白天里东奔西走,忙了一天,晚上闲空的时候,买一本这俗话报看看,倒也开心,比到那庙里听书,烟馆里吃烟,要好得多了"①,也因此受到了当时安徽不同文化水准和不同职业状况的民众的拥护和喜爱。

报纸在创办伊时仅印了1000册,这和日后《新青年》的试刊数量是一样的。根据该报第6期《本报每期销售本省各处数目表》一文中的统计数字来看,该报发行不到两个月,在当时安徽省内的发行量就已达1346册,仅安庆一处就发行400册,安庆、合肥、徽州府、桐城4处的发行量超出总销量的二分之一,达到890册②。

当然,无论从其内容的启蒙深度上,还是从传播受众的广度上来审视,《安徽俗话报》与日后的《新青年》还是有着很大区别的,它能够从"俗"字着手,以唤醒中下层民众为宗旨,充分考虑中下层民众的接受度,用浅显易懂的风格吸引民众的注意力,并使民众受到初步的启蒙和爱国教育,报纸在一定程度上唤醒了国民的民主与科学意识,开创了新文化运动以报刊为先导形式的先河。

(一)论说:救亡图存为己任

"论说"是《安徽俗话报》的重点栏目,它既是全报的核心所在,也是最受读者关注和社会影响力最大的报纸篇目,它类似于现在的报纸时评专栏,栏目撰稿人的时事敏感性、所选新闻的时效性决定着报纸的销量。"论说"一栏的文章主要是关于政治上的"国家"概念及主权问题、经济上的社会热点矿务问题和文化上的风俗习惯问题等内容,另外还有一篇关于中国戏剧的改良文章。这几方面的内容虽然各自独立,各有专门的篇章进行论述,但就其行文的宗旨而言,它们无一不是紧紧围绕着救亡图存和启迪民智这两条思想主线来展开的。简言之,《安徽俗话报》的立报之本就在于"论说"专栏,这一专栏也是创办人办报理念的集中体现,反映了创办人的思想理念和文化主

---

① 三爱:《开办〈安徽俗话报〉的缘故》,《安徽俗话报》,1904年3月31日。

② 丁苗苗:《〈安徽俗话报〉研究》,安徽大学2005年硕士论文。

张,《安徽俗话报》正是以浅俗易懂的形式,对最广大群众进行政治知识、经济问题和文化意识的宣传和普及,让老百姓了解时事、关心时事,以主人翁的姿态去关注社会现实,激发民众参与政事的热情,只有唤醒更多的民众,救亡与启蒙才有可能取得成效,对于这一点,《安徽俗话报》的同人们无疑有着清醒的认知,并作出了有效的努力。

在西方的文化社会里,科学与民主的确曾唤醒民众,让他们摆脱中世纪黑暗的神学统治,步入追求个性自由和自我价值的文明世界;但是在中国,谋求个性解放还只是用于启蒙的口号,摆在中国知识分子面前的首要任务是救亡图存,是反抗帝国主义的侵略与分割,争取中华民族的生存与解放。由于当时的中国正处于列强瓜分、主权丧失殆尽的危亡之际,知识分子群体对自由的渴望只得暂时让位于对国家主权的捍卫,启迪民智只是为了更好地配合当时的救亡图存工作,救亡图存成为启迪民智的最终目的。因此,以陈独秀为代表的近代知识分子办报的主要任务就是及时向中国最广大民众揭露帝国主义侵华的罪行,以唤醒混沌中和被蒙蔽的乡人和国人,《安徽俗话报》的这一选稿理念与后期新文化运动的个性自由启蒙让位于五四运动的爱国救亡实际上是一脉相承的,在"国之不国"的情况下,知识分子们只能选择先救国,这就不难理解为什么当革命组织活动开始时,陈独秀会立刻放下该报的编辑工作。

爱国救亡的主题也因此成为《安徽俗话报》的中心点,以陈独秀为主的办报同人们"力图打破在数千年封建专制桎梏下形成的大多数国人对国家大事漠然淡然近乎麻木的状态,树立'中国是中国人的中国'的自觉意识,形成一股强大的爱国洪流"[①]。主编的组稿方向从"实业"、"矿产"、"教育"、"恶俗"到"说国家"、"亡国论",紧紧围绕救亡图存这一关键点,其中关于国家存亡的文章在报纸内容中占到90%,报纸中"论说"一栏的所有篇目,就可查的22期来看,仅标题中带有"国"字的,就有10期。显然,"陈独秀……入手的是文学,但关注的是政治。

---

① 戴鞍钢:《晚清史》,上海:百家出版社,2009年,第181页。

因此,他不仅是新文化的领袖,而且成为新政治的领袖"①。

《安徽俗话报》在第1期就刊登了三爱的《瓜分中国》一文,陈独秀毫不掩饰自己的忧国之心,一落笔就是"唉!这是怎么好呢?我们中国人,又要做洋人的百姓了呵!"②这种直抒胸臆的行文风格也是陈独秀个性所致,鲁迅曾在《忆刘半农君》中提到陈独秀的这一个性,鲁迅说假如将韬略比作一间仓库,陈独秀是外面竖一面大旗,大书道"内皆武器,来者小心!"但其实门是开着的,一目了然,用不着提防。

第5期的《说国家》中,陈独秀明确解释了"国家"的概念,强调了国家的重要性,"世界上的人,原来是分做一国一国的……一国的盛衰荣辱,全国的人都是一样消受","国家乃是全国人的大家","人人有应当尽力于这大家的大义",否则"合树将枯,岂可一枝独活"。为了让民众将"国家"的概念与传统君主制的"国家"区分开,他在文中又进一步解释道:"第一国家要有一定的土地","第二国家要有一定的人民","第三国家要有一定的主权";而关于"主权",他又详细解释道:"凡是一国总要有自己做主的权柄这就叫做'主权'。"他强调"这主权原来是全国国民所共有,但是行这种主权的乃归代表全国国民的政府。一国之中,只有主权居于至高极尊的地位,再没有什么能加乎其上了。上自君主,下至走卒,有一个侵犯这主权的,都算是大逆不道"。对于"主权"的阐释,实际上是为了让民众明白,国家是大家的国家,而非皇宫贵族或达官贵人的国家,所有国人皆是国家的重要组成部分,陈独秀实际上是想通过对概念的梳理来宣传爱国思想,鼓励民众投身保家卫国的行动。

在第17期的《亡国的原因》一文中,陈独秀进一步断言"凡是一国的兴亡,都是随着国民性质的好歹转移",在他看来,中国人"只知道有家,不知道有国","个个人一生的希望不外成家立业、讨老婆、生儿子、发财、做官这几件事","做官原来是办国

---

① 刘再复:《共鉴"五四"》,福州:福建教育出版社,2010年,第68页。
② 《安徽俗话报》当时还未启用标点符号,但已有意识地用空格的方式来断句,在重要字句旁,还特意加点以示突出,这与后期的《新青年》杂志如出一辙。

家的事体,但是现在中国的官,无非是想弄几文钱,回家去阔气。至于国家怎样才能够兴旺,怎样才可以比世界各国还要强盛,怎样才可以为民除害,怎样才可以为国兴利,这些事他们做梦也想不到的"①,以此强调"国家"理念根植于心的重要性。在连载了6期的《亡国篇》里,陈独秀详细列举了当前"中国灭亡的现象":一是"土地灭亡的现象",他明确指出西方列强正在瓜分我们"神圣不可侵犯的国土",文中还开列了一份帝国主义列强通过签订各种不平等条约割取、租借中国领土的"清单";二是"利权灭亡的现象",强调"铁路、矿产、货物,这三样是一国顶要紧的利权。若是这三样利权灭亡了,那国里就是有皇帝,有官吏也不算是一个国家了";三是"主权灭亡的现象",指出"我中国的主权,已经被东西各国夺尽了",随后他详述了审判权、国防权、收税权、航路权和设官权的丧失。在完成对现实的分析后,针对当时局势,他又指出,"我们中国人,不懂得国家和朝廷的分别,历代换了一姓做皇帝,就称作亡国,殊不知一国里,换了一姓做皇帝,这个国还是国并未亡了。这只是可称作'换朝',不可称作亡国","这原来是一国人所公有的国,并不是皇帝一人所私有的国,皇帝也是这国里的一个人","必定是这国让外国人做了皇帝,或土地主权被外国占去,这才算是亡国"。② 陈独秀将亡国的原因归结为中国民众对于时局的冷漠,而造成这种漠不关心状况的缘由正是"国家"概念的误用。他将皇帝的"朝代"和文中所提出的"国家"概念区分开来,既是对封建专制观点的挑战,也完成了现代民主观念的宣扬工作。国家不再指称封建王朝的某一个朝代,这种国家观念和"反清复明"式的单一民族的国家观念无疑有着根本区别。它以大局观念去面对时局,将中国放置于世界之中进行衡量,此时陈独秀的视野显然已摆脱地域限制,是站在全国文化领导层面进行文论写作。

除专门涉及政治、经济的论说外,《安徽俗话报》还大力倡

---

① 三爱:《亡国的原因》,《安徽俗话报》,1904年12月7日。
② 三爱:《亡国篇》,《安徽俗话报》,1904年7月27日。

导革故鼎新,第 11 期的《论戏曲》就给被当时社会认定为最低下的从业者的戏子予以正名,"世上人的贵贱,应当在品行善恶上分别,况且只有我中国,把唱戏当作贱业","唱戏一事,与一国的风俗教化大有关系,万不能不当一件正经事做","譬如看了《长坂坡》、《恶虎村》,便生些英雄气概;看了《烧骨记》、《红梅阁》便要动哀怨的心肠……此外像那神仙鬼怪富贵荣华,我们中国人这些下贱性质,那一样不是受了戏曲的教训深信不疑呢?依我说起来,戏馆子是众人的大学堂,戏子是众人大教师,世上人都是他们教训出来的","只有我中国把唱戏当作贱业,不许和他人平等,西洋各国是把戏子和文人学士一样看待"。对于戏曲文化的正名工作,体现了《安徽俗话报》的办报特点,它原本就是立足大众,以俗为主,而戏曲是当时普通百姓最为喜欢的娱乐方式,给民众最为熟悉的休闲娱乐以正名,既能吸引民众的注意力,又能完成思想启蒙。而在第 1 期的《整顿蒙学馆的法子》一文中,作者强调要多创办新式蒙学堂,教授地质学、算学、国家学、实业学等课程,指出中国传统的私授式教育,有着"遇着不好的先生,就坑了一生"的弊病,并提出整顿的方法,一是管理学生的要整齐,二是念的课本要相当,三是教授的方法要活泼,四是教习的性情要平和。第 2 期中又详细解释了这 4 种方法。

在文化风俗方面,《安徽俗话报》还用了 9 期的版面来批判中国的恶风坏俗,对包办婚姻、索取彩礼和强制守寡等封建陋习进行了无情鞭挞。由于大力提倡男女平等、婚姻自由,报纸还被"当时一班老辈看作是'洪水猛兽'"[①],其中旧有的婚姻制度是报纸抨击的重点。《婚姻》、《再论婚姻》中,把"父母之命、媒妁之言"的封建包办婚姻讥讽为强奸似的野蛮风俗。《敬菩萨》一文则进行比较:洋人不敬菩萨,国势富强;国人烧香拜佛,但国势日危,以此告诫国人不可迷信风水。这些论说封建传统社会习俗的文章,净化了当时安徽社会的文化伦理环境,改变

---

① 汪原放:《亚东图书馆与陈独秀》,上海:学林出版社,2006 年,第 16~18 页。

了国民的思维,并为新文化运动的兴起了开拓了舆论空间。

除在"论说"一栏中表达对于时事政治的关注外,《安徽俗话报》还专设"格致"栏,连载《益智启蒙问答》,运用问答形式,进一步抨击封建主义伦理道德和风俗,介绍西方资产阶级的人本主义思想,宣传新知,传播科学文化知识。同时还从第8期起,增辟"兵事"栏,连载《东海兵魂录》、《中国兵魂录》、《枪法问答》、《说水雷》等文,意在对民众进行国防科普和爱国英雄主义教育。

(二) 小说部分:政治小说与通俗故事的结合

随着安徽从农业社会向现代工商社会的转化,人们"日出而作,日落而息"的生活状态逐步发生改变,日益增多的以非农业为生的居民需要更多的精神娱乐,而以"开民智"为己任的知识分子,便"有意识地通过诗歌及其他通俗的文艺形式,宣传革命思想"①,力图通过通俗的文字以娱乐的形式向广大民众传播先进的思想与知识。《安徽俗话报》在这方面有着比较突出的表现,它设有"小说"、"诗词"、"戏曲"专栏,共刊登了3篇小说、36首诗词、6部戏文和1篇《论戏曲》。无论是其内容、形式,还是其思想性、艺术性,这些作品都有一定的价值。这些寓教于乐的作品一方面吸引了读者的关注,打开了报纸的销售渠道,另一方面又通过娱乐这一俗形式完成了雅层面的思想启蒙。

《安徽俗话报》上共刊载了15期小说,由3部作品组成,其中艺术含量最高、篇幅最长且内容相对完整的当属守一的《痴人说梦》。守一即吴汝澄,安徽桐城县人,在与陈独秀筹划《安徽俗话报》时,小说栏目的编辑工作就由他负责。他自撰了《痴人说梦》(8回)小说,并连载于《安徽俗话报》上。

《痴人说梦》的故事是设定在日俄战争这一社会背景之下,当时的中国正值内忧外患日甚之际,小说的叙事线索是南痴(朱先觉)和北痴(闵自强)谈"梦",小说两位主人公的共同点是

---

① 徐凤晨、赵矢元:《中国近代史》,沈阳:辽宁人民出版社,1982年,第581页。

"或读一部古书,或谈一件故事,就像真的一般,遇到国家兴隆的时候和英雄豪杰得意的事",就"欢喜欲狂",反之则"痛哭欲死"。"天涯难得者,惟有同调人",在听闻东三省被俄国侵占,俄人乱打乱杀,英国要派瓜州总督攻打长江流域,"南痴"和"北痴"痛苦至极。两人悲愤之余相对而饮,以此消愁,谁料"南痴"因此一醉不醒,数日后醒来,高兴不已,称在梦中参加了全国志士的强国讨论会,还得到了一本"造时事之英雄"的秘册,由此便引出张国威、舞剑少年华勃兴和夏振武、女中豪杰张无畏等一批爱国志士纵横沙场、抗敌救国的故事。《痴人说梦》的构思虽具有戏剧性,符合民间话本猎奇性的特征,但小说的主题思想十分鲜明,贯穿始终的就是爱国激情和报国理想。作者实际上是以"梦"传"实",以传奇性故事来达到惊醒国民、裨益社会的功效。可惜,当故事发展到部分群雄聚集,开始准备外联犹太、波兰,与俄人一较高下时,却戛然而止了。从前面提到的秘册内容来看,此时文本中应该尚有近 30 位的英雄人物没来得及出场,从谋篇布局来看,小说的故事也没有完全展开,另外从小说结构的承转来看,此时也只是刚叙述到文本的高潮部分而已。可以看出,这是一部未曾完结的小说,但仅这 8 回已不难看出,这是一部典型的政治宣传小说。一方面小说的内容与当时的时事紧密相连,揭露了社会的丑恶现象,表达了作者追求自由民主的美好愿望;另一方面这部小说又成了作者展示其政治蓝图和思想抱负的平台,如《提大纲南痴谈新政 开议会宣圣示方针》中,"南痴"提出的"新政",实际上就是作者本人改造国家、改造社会的政治纲领。在《授秘册晦翁论英雄 闻国歌华震谈军略》中,作者借早已作古的孔子、子路和诸葛亮等人之口,提出了教育救国、联合英美日共同抗俄等方案,很明显这都是作者对于时局的见解和主张。再者,从小说以梦写实、幻想式的主题结构来看,《痴人说梦》显然是受到当时文化界盛行的政治小说之影响。这是由梁启超等维新志士在清末为宣传君主立宪制而引进的一种文学题材形式,其代表作便是美国作家爱德华・贝拉米的小说《回顾:2000~1887》(*Looking Backward*,

2000～1887)①,这部长篇小说被英国来华传教士李提摩太译介到中国,取名为《回头看记略》,后易为《百年一觉》②。

《安徽俗话报》从第 11 期开始,开始连载署名"三爱"的《黑天国》,"三爱"是陈独秀在编写《安徽俗话报》时的化名。他曾与苏曼殊合作译过《惨世界》。《惨世界》是雨果《悲惨世界》最早的中译本,1903 年 10 月 8 日起隔日连载于《国民日日报》。《黑天国》只有 4 章,"该小说以作者早年在东北地区的生活见闻为基础,虚构地描绘了沙皇统治下的西伯利亚某煤矿的生活场景,既对受奴役受压迫者的悲惨命运深表同情,又对他们进行的反对封建专制主义的斗争予以赞颂……在中国近代文学史—小说史上仍有一定的价值意义,至少,有意借写域外生活题材而表达某种思想政治倾向,这是开先例的"③。从小说的故事情节和思想脉络不难判断,这是陈独秀模仿《惨世界》而创作的揭露中国旧社会众生相的一部社会谴责小说。

《黑天国》是拒俄运动的产物。它以俄国专制统治为背景,叙写流放在西伯利亚的俄国政治犯"荣豪"的苦难经历以及他与恋人"能智"姑娘的悲欢离合。作者借对沙俄专制统治的揭露,传达出反对专制统治的政治倾向。小说塑造了一个追求民主自由的义士荣豪,在机布府太学读书时,因和反对政府的秘密党人有接触而被捕,被发配到"黑天国"。在矿井,因反抗虐待挥拳痛打了巡警,而被折磨得"力倦神昏,翻筋斗倒在地上,足足的死了半句钟",醒来后他又对着众囚犯慷慨陈词:"诸君,你看我们俄国,容留这种大逆不道的君主,设了种种酷刑,定了

---

① 这是一部影响巨大的乌托邦小说,在乌托邦文学发展过程中具有承前启后的作用,在其出版后 40 多年时间里,引发了 50 多部乌托邦小说的出现,是一部世界性畅销书。贝拉米考虑的不是文学想象的问题,而是改革者和社会工程式的思维。面对工业化引起的社会不公正,贝拉米所幻想的乌托邦具有社会主义框架。参见何绍斌:《越界与想象——晚清新教传教士译介史论》,上海:上海三联书店,2008 年,第 178～180 页。

② 参见刘树森:《李提摩太与〈回头看记略〉——中译美国小说的起源》,《美国研究》,1999 年第 1 期。

③ 朱文华:《陈独秀是不是文学家》,《陈独秀研究》(第 2 辑),合肥:安徽大学出版社,2003 年,第 102 页。

种种苛税。把全国的好同胞都害的衣食不周,身家不保,他只管躲在皇宫里快乐。这还不足,还要在西伯利亚设些这样的害人坑,将全国中反对他的人一网打尽,天生我俄罗斯人,怎么活该要遭在这昏君手里呢?"短短数语就将斗争的矛头直指专制制度的罪魁祸首——君主统治。在黑天国"种种可恨可叹可哭可惨事"中,陈独秀单拣"荣豪"与"能智"的恋情这"一件极痛快极有情致的趣事"来写,但当他写到"荣豪"与"能智"相见时,就再无下文了。在《黑天国》创作中,陈独秀引进西方文学的倒叙手法,先写"荣豪"在黑天国反虐待的场景,再倒叙他的遭遇;先让"荣豪"不经意间露出"能智"的照片,再补叙"荣豪"与她的情缘,打破了旧小说以人物带环境的窠臼和单向性时间向度的传统①。

《安徽俗话报》从第19期开始连载棠樾树人的小说《自由花弹词》,仅连载3期,就因《安徽俗话报》的停刊而终止。该小说把故事发生的背景放在了元顺帝时期,虽然从故事表面看,这部小说和当时的社会现实有些脱节,但是小说中有关天下大乱、君王昏聩的描述在一定程度上还是映射出当时的社会现状,可以说委婉地表达了作者对于时局的看法。

(三) 戏曲:培养一代新公民

在主要涉及时政的"论说"栏目里,《安徽俗话报》收录了一篇纯文学论争层面的文章《论戏曲》。这篇文艺先导式的论说文无疑是主编给报纸的戏曲类作品定下的基调,即一切文学作品的创作都要以为中国培养一代新公民为主旨,"除去富贵功名的俗套","我看惟有戏曲改良,多唱些暗对时事开通的新戏,无论高下三等人,看看都可以感动,便是聋子也看得见,瞎子也听得见,这不是开通风气第一方便的法门吗","开通民智的新戏唱起来,看戏的人都受他的感化,变成了有血性有知识的好人"②。为戏子正名,表面上看只是为社会某一群体发言,实际上这篇文章在社会上引起了强烈反响。封建社会有着严格的

---

① 钟扬:《从〈惨世界〉到〈黑天国〉——论陈独秀的小说创作》,《安庆师范学院学报》,1996年第4期。

② 三爱:《论戏曲》,《安徽俗话报》,1904年9月10日。

等级秩序,戏子一直被作为末等公民,而陈独秀将他们提高到人生导师的高度,并借此"欲与青年诸君商榷将来所以修身治国之道"①,显然是要以此来冲击旧传统,"欲新中国先要新民"的《安徽俗话报》的办报理念实际上与《新青年》的创刊思想是一致的,以陈独秀为代表的新文化倡导者"在近五十年思想史的贡献,不在西洋新思想的介绍,而在笼罩中国两千年思想之破坏"②。

从目前发现的 22 期《安徽俗话报》来看,戏曲类的作品共有 6 部,如第 3 期刊载的《睡狮园》,第 9 期的《团匪魁》,第 10 期的《康茂才投军》,连载于第 11、12、13 期上的《新排瓜种兰因班本》(即《瓜种兰因》),第 14 期刊登的《薛虑祭江》,第 18、19 期连载的《胭脂梦》。这些作品都没有注明作者的实名,但《瓜种兰因》由编者加了按语,说明"这本戏曲,是上海春仙茶园,有名的一位生角汪笑侬先生新排出来的",《团匪魁》一剧署名是"春梦生",《胭脂梦》署名是"皖江爱国士",其他 3 部剧作则没有署名。从目前可考的资料来看,《瓜种兰因》是汪笑侬的剧作,《睡狮园》《胭脂梦》《薛虑祭江》和《康茂才投军》是周祥骏的作品,而《团匪魁》一说是周祥骏的作品③,另一说则是晚清外交官廖恩焘的作品④。

《团匪魁》是一折京调西皮,描写的是曾经当过义和团首领的"王公爵爷"和他的清客谈论时事的情形。所谓的"团匪魁",指的就是义和团的首领。剧作者通过这出戏嘲讽了社会上一些假维新者,痛斥了王公大臣的卖国行径,刻画了他们企图通过维新改良进行政治投机的心态。《睡狮园》写的是驾前督总管太监利业阴在睡狮园游玩听到歌女歌唱,因唱词是维新新词而遭其训斥,"这些话,好像当今维新党人口气,咱家不愿意听,

---

① 本志编辑部・社告:《青年杂志》,1915 年 9 月 15 日。
② 郭湛波:《近五十年中国思想史》,北平:人文书店,1936 年,第 102 页。
③ 中国社会科学近代史研究所辑录的周祥骏遗作《更生斋选集》卷四中,"剧作"一栏里收录有此篇。
④ 参见夏晓虹:《晚清外交官廖恩焘的戏曲创作》,《学术研究》,2007 年第 3 期。

咱家只要自身身家安然无事,就是要咱家去做奴隶,也是可以的",揭示了官场的故步自封和腐败黑暗,也暗示了维新理想在这种强权氛围下的壮志难酬。《康茂才投军》讲述了康茂才投奔朱元璋进行反对元朝暴政的故事,《胭脂梦》讲述的是一群女子主动到铁血村投军,为国杀敌的故事。这两部剧作都是鼓励民众奋起反抗,爱国从戎。《薛虑祭江》写的是江南书生薛虑,听闻东三省被占,同胞被俄人赶下黑龙江,特让家童备下祭品,哭奠同胞,借祭奠被俄人赶下江而淹死的中国人,告诫同胞们"来者犹可追",要同仇敌忾、捍卫主权。《瓜种兰因》是汪笑侬根据《波兰衰亡史》改编的新戏,作者借波兰被各国瓜分以致亡国之事,来暗切中国的近世变乱。

(四)白话启蒙诗歌:以民众生活为基础

《安徽俗话报》共刊载诗歌作品36首,除第11、13、15期和第20期外,其余每期都刊载有诗歌。这36首诗歌中,有18首已确定了作者姓名,如第1期未署名的《醉东江愤时俗也》已被学界认定是陈独秀的作品①。其他18首诗歌要么没有署上真实姓名,要么以类似于"龙眠女士"(《叹五更伤国事也》)、"怀宁汉瞻女士"(《十二月想郎·梳妆台调》)、"合肥觉梦子"(《叹十声·仿烟花调》)等方式署名,由于史料缺失,目前已不可考。

《安徽俗话报》中的诗歌内容颇为广泛,既有感叹国事的,也有描写鸦片战争的,以及鼓励国人投身行伍、强军参兵的,除此之外,还有倡导教学改革和批裹脚恶习的。如第8期刊登的《醒梦歌》长诗,诗中提出了三项"保国策",第一要办团练兵,第二切莫当洋兵,第三要设学堂,自筹款、自练兵,一旦战争需要,就"众人齐协力那(哪)怕洋人不能敌",俨然已是全民皆兵,人人皆可战斗之势;第3期曾刊登署名"桐城潘女士"的《十恨小脚歌》,以诗歌的形式揭露和控诉了裹小脚的封建陋习。第4期桐城亦瑛子的《闺中叹·悯国难也》号召大家"习武艺,兴实业,猛勇争先,复国仇,扬国威"。这些诗词饱含了作者们深深的忧患意识。

---

① 陈独秀:《陈独秀诗存》,合肥:安徽教育出版社,2006年,第8页。

《安徽俗话报》上的这些诗歌都易于吟唱,如第 9 期的《马蚁》①:"莫说马蚁马蚁小,一团义气真正好,人心齐,谁敢欺,一朝有事来,大家齐安排,千千万万都是一条心,邻舍也是亲兄弟,朋友也是自家人,你我一肩,各各要争先。"诗歌多利用民间流行的曲调和弹词,第 1 期《叹五更伤国事也》就从"一更里"一直唱到"五更里",为沉浸在梦中不知亡国危险的人们敲响了警钟;第 4 期的《十杯酒讥苛税也》从"一杯酒儿"、"二杯酒儿"一直唱到"十杯酒儿";第 14 期的《祝国歌》则是仿鲜花调,结尾用反复的句式;第 6 期的《从军行》仿的是十送郎调,从"送郎送到一里亭"一直唱到"送郎送到十里亭"。这些诗歌作品利用百姓所熟悉的通俗曲调,采用的是民间文学体。运用下层民众能够接受的民间文学样式,无论是从文学格调还是从基本的语言文法来看,都或多或少地存在着"急就章"的问题,文本本身的审美价值并不大。但是它们的出现,不仅便于一般民众接受,也方便其在社会上普及,进而为创造出生机盎然的新文学奠定了基础,如第 12 期的《观物杂谣》非常有意思,作者用白话文介绍了骆驼、野牛等 6 样物种。这些诗歌实际上是胡适等提倡的白话诗运动的先声。这些"浅文俗词"既有利于新的价值观念的传播和作品影响面的扩大,便于普及新知、启蒙民众;又使得一直被推崇为文学正统的古典格律诗,在沸沸扬扬的时代喧哗声中,黯然地退出历史舞台,文学开始真正走下"神坛",成为社会宣传和思想启蒙的最好工具。

(五)和陈独秀的关系

陈独秀是《安徽俗话报》的核心人物。他是报纸的创办人和主编,"陈先生(陈独秀)最忙,发报,打包,送邮政局去寄,他做得非常起劲"②,他还负责募集办报的经费。正因为事事躬

---

① 《马蚁》(寻常小学校用)为 1904 年发表的供幼儿园、小学堂、中学堂用的 3 首学堂歌曲之一,以蚂蚁比喻民族团结,教育少年人要齐心协力讲义气;这类歌曲参照了欧美、日本中小学歌曲的样式,并进行了自己的创作,具有明显的中西合璧色彩。(参见焦润明、苏晓轩:《晚清生活掠影》,沈阳:沈阳出版社,2002 年,第 16 页)。

② 汪原放:《亚东图书馆与陈独秀》,上海:学林出版社,2006 年,第 13 页。

亲、身兼数职,所以当陈独秀去安徽公学教书后,《安徽俗话报》也就失去主心骨,不得不停刊。根据办报同人汪孟邹和房秩五的回忆,"三爱"正是"仲甫常用的笔名"①。在今天可查阅的 22 期《安徽俗话报》中,署名"三爱"的文章有 48 篇,另有 4 篇从文章脉络和内容承接关系上能够判断,是前面"三爱"文章的续篇:连载 5 篇的《恶俗篇》,除最后一期外,前 4 篇均署名"三爱",发表在第 12 期上的没有署名,但从文章结构和语言表述看,很明显与前 4 篇是同一人之作;同样还有连载 3 期的《中国兵魂录》,除第 17 期上发表的开篇文章有署名外,第 18 期和第 20 期的 2 个续篇均没有署名;连载 7 篇的《亡国篇》,除第 17 期上刊登的 1 篇没有署名外,其他均署名"三爱"。经学术界考证,一些未署名的作品也被认定是陈独秀所作,比如上文提到的《醉东江愤时俗也》。因此,可以说,陈独秀不仅是《安徽俗话报》的主要组稿人,也是重要的撰稿人,《安徽俗话报》正是这一时期陈独秀的文学及政治思想的集中体现。

按照早期的约定,"论说"一栏是由陈独秀负责的。如下表所示②:

| 《安徽俗话报》期数 | 陈独秀发表的文章名 |
| --- | --- |
| 第 1 期 | 《开办〈安徽俗话报〉的缘故》、《瓜分中国》 |
| 第 2 期 | 《论安徽的矿务》 |
| 第 3、4、6、7、12 期 | 《恶俗篇》 |
| 第 5 期 | 《说国家》 |
| 第 8、9、10、13、15、17、19 期 | 《亡国篇》 |
| 第 11 期 | 《论戏曲》 |

在《安徽俗话报》所刊载的全部 21 篇"论说"中,已有 16 篇文章可以查证为"三爱"所作,"'论说'一栏大都是他的手笔"③。

---

① 汪原放:《亚东图书馆与陈独秀》,上海:学林出版社,2006 年,第 225 页。
② 参见丁苗苗:《〈安徽俗话报〉研究》,安徽大学 2005 年硕士论文。
③ 汪原放:《亚东图书馆与陈独秀》,上海:学林出版社,2006 年,第 17 页。

由于个人的喜好取向,主编兼主笔的陈独秀不仅在文章发表数量上占据绝对优势地位,而且在论说的题材范围上也给其他的论说文章作了范例,他刊登的稿件都是与自己的文章观点不谋而合或进一步升发的,比如署名"咄咄"的《恶俗篇·风水的迷信》和署名"雪聪"的《再论婚姻》,虽然作者不是陈独秀,但从文章内容来看,都是对陈独秀文中所提社会遗风陋习问题的进一步展开。除"论说"一栏外,在教育、小说、格致、历史①、地理、兵事、实业栏目,陈独秀所发表文章也均占相当大分量。

通过创办《安徽俗话报》的实践,陈独秀熟悉了编辑的流程、排版的技巧以及组稿的标准,既积累了经验,也收到了实效,让自己的思想理念和启蒙行动为世人所知。正如蔡元培在《独秀文存》序言所指出的那样:"二十五年前,我在上海《警钟报》社服务的时候,知道陈仲甫君。那时候,我们所做的,都是表面普及知识,暗中鼓吹革命的工作。我所最不能忘记的,是陈君在芜湖,与同志数人合办一种白话报,他人逐渐的因不耐苦而脱离了,陈君独力支持了几个月,我很佩服他的毅力与责任心"②。从某种意义上讲,《安徽俗话报》是后来陈独秀所办的《新青年》的先声,正是因为办《安徽俗话报》的经验和他在安徽一系列革命活动中所建立的人脉关系,才使得其在日后的新文化运动中能够"振臂一呼,应者云集"。

《安徽俗话报》"用顶浅俗的话","教大家好通达学问,明白时事",《新青年》杂志则"以平易之文,说高尚之理"。虽然前者主要是面向最底层的大众,后者则主要面对受过教育的青年知识分子,但就文章的宣传目的及宣传实效来看,二者却是一脉相承的。陈独秀在《新青年》中所表现出的对社会文化的认知,诸如反对旧道德,提倡科学和民主,都已在《安徽俗话报》的文章写作和稿件选取上有所展现。在《安徽俗话报》上,陈独秀着力于对国民的初步启蒙工作,虽然他此时的努力是不连贯、不系统的,所提出的启蒙主张也大都停留在保家卫国的初级层面,并未触及传统文化与西学的矛盾,也未涉及新国民性的塑

---

① 仅10篇,全部署名为三爱。
② 蔡元培:《独秀文存·序》,《独秀文存》,上海:亚东图书馆,1933。

造和形成,与后期的《新青年》存在着一定的理论视野差距,但是从对国民启蒙的重视和对传统文化思想的批判上看,二者仍是如出一辙。因此,"在一定意义上也可以说,它(《安徽俗话报》——笔者注)是《新青年》的雏形,在某些问题上,它还是新文化运动的先声"①。

(六)价值和地位

《安徽俗话报》的大量发行是安徽本土新文化运动的前奏,它在很大程度上为日后新文化运动队伍的集结和民众的接受做了先期铺垫及导向工作。《安徽俗话报》出刊后,由于通俗易懂、简明好看,再加之对于时局的关注和新理念的提倡,订阅者十分踊跃,报纸得以行销全皖。据《安徽俗话报》第5期所载的《本报代卖处》来看,它设在省外及省内的代卖处达28处。《安徽俗话报》"以口语式的文字,作革命的宣传,内容又能结合实际,激发人心"②,由于其文章通俗易懂,加之图文并茂,刊发的内容新鲜活泼,所探讨的问题又令人深省,使得《安徽俗话报》不仅受到教育及知识界的欢迎,也为社会中下阶层所接受。《安徽俗话报》发行量不断扩大,经常有再版甚至重印三版的情况,发行仅半年,印数就从初始的1000份增至每期3000份,"为海内各白话报之冠"③。更为重要的是它"为安徽地区要求进步的青年所欢迎,思想先进的教师,也把《俗话报》作为开化学生思想的教本"④,因此,"本报发行以来,颇蒙各处欢迎。尤可感者,桐城崇实学堂同学诸君,集资月购本报百余份,以分送其乡人。诸君义勇,本社同人不胜钦佩"(《安徽俗话报》第5期)。《安徽俗话报》从创刊到停刊,存续仅短短的一年半时间,但这份报纸对安徽青年的思想启蒙和群体形成起到了重要作用,在安徽青年学生中起到了"宣传革命"的作用⑤。

---

① 沈寂:《陈独秀传论》,合肥:安徽大学出版社,2007年,第126页。
② 《辛亥风雷》,合肥:安徽人民出版社,1987年,第45页。
③ 《本社广告》,《安徽俗话报》,1904年8月1日。
④ 沈寂:《陈独秀和〈安徽俗话报〉》,《安徽革命史研究资料》(第1辑),1980年,第52页。
⑤ 高一涵:《辛亥革命前后安徽青年学生思想转变的概况》,《辛亥革命回忆录》(四),北京:中华书局,1963年,第434页。

无知和蒙昧是民主与科学最可怕的敌人,《安徽俗话报》的报社同人所竭力进行的正是针对国民尤其是社会下层民众的启蒙。他们以俗起步,通过时评、小说、戏曲,努力去唤醒民众的爱国心和久被封建伦理所压抑的参与政事的热情,他们把救亡图存的希望放在开启最广大民众的民智上。虽然这一时期启蒙的立足点只不过是停留在厘清"国家"概念、唤醒民众爱国之心的层面上,还没有达到新文化运动后期个人价值与社会效用、个性与自由、国家与个体的深刻层面。但《安徽俗话报》用通俗的话语,对广大民众进行大张旗鼓的启蒙宣传,在人数最多、最为贫苦、受教育面最窄的农民和城市平民中进行了爱国意识和革新意识的宣传,并对陈旧的日常生活方式予以了警示和纠正。它的诞生提供了一个新的较为广泛的思想传播阵地,更开启了一个新的以通俗言论吸引民众并最终引导民众的精神拯救之路。《安徽俗话报》从诞生到创办的短短一年半时间中,发行立足安徽,同时又走向全国,其影响可与当时闻名全国的《杭州白话报》相媲美。《安徽俗话报》的成功离不开晚清白话报风潮的影响与催生,它的成功也为"五四"时期的白话文革命及新文化运动的兴起提供了有益的启示。

## 第二章

# 新文化运动在安徽

## 第一节 文学界的情况

由于全国新文化运动的领导者和前期大部分参与者的地缘关系,相对于当时中国其他省区而言,以《新青年》杂志为代表的知名进步刊物在安徽的普及度和渗透度是广泛而又深入的。虽然这些刊物都不是在安徽本省创办的,但是安徽的知识分子能够通过自身的人脉关系,第一时间将这股思潮传入安徽,使得安徽民众的思想能够与北京、上海等保持同步,启发了安徽民众的觉悟,开拓了他们的视野,并加快了安徽本土新文化运动的进程,使得安徽的新文化运动无论在声势还是规模上都位居全国前列。

新文化运动带动了全国范围的办报热潮,在安徽新文化运动发展过程中,最令人注目的就是各种宣传新文化、新思潮的刊物应运而生。此时不仅新兴报刊的数量多,创办人的思想也很活跃、激进。与此同时,研究新文化、新思想和志在改造社会的先进文化团体也层出不穷,如马氏研究会、曦社等。他们积极宣传陈独秀等人提出的新文化理论,他们的宣传对安徽的文化社会产生了巨大影响,为民众批判传统文化作了广泛的思想动员。新报刊和新文化团体的出现,使尘封已久的安徽社会呈现一种新的文化走向,加之北京、上海等地如火如荼的思想运动的影响,整个安徽处于群情激昂的变动之中。这些身处异乡的皖籍知识分子和在皖的本地知识分子的努力,为新思想的传播创造了良好的区域性文化环境,从而使得西方文化得以快速引进。各种新文化社团的产生,强有力地推动了安徽本土新文化运动的发展,是新文化运动思潮在安徽的传播走向深化、进入团体研讨层面的标志。

### 一、新文化运动思潮在安徽的传播

陈独秀创办的《新青年》是当时中国最有影响的刊物之一。在其创刊初期,这本杂志就已经在安徽省内传播,在全国仅发行 1000 册时,其在安庆、芜湖两地的发行量每期都在 100 册以上,"安庆、芜湖两地先进人士和各校青年受了很大影响"①。《新青年》在安徽的这种影响完全是拜《新青年》初期作者群中人数较多且占主导地位的皖籍编撰者所赐,他们都是这本杂志的热心宣传者,比如在北京的高一涵就经常将《新青年》寄给安庆和老家六安的朋友。此外,安徽本地的进步人士也通过各种渠道和多种方法积极搜求和传播诸如《新青年》这样的进步书刊,"《新青年》每出一期,高语罕必买几本送给学生阅读"②。不仅如此,高语罕还向北京朋友大量索要或订购这些书刊,《新青年》、《新潮》、《新生活》、《每周评论》等报刊每期都被成捆成捆地寄给他,他再分发给各校师生。当时在北京、上海、芜湖、安庆等地读书的青年也不断将自己购买和抄阅的各种新书刊带回各自家乡,朱蕴山就曾以在京、沪读书的皖籍进步青年为桥梁,不断把革命书刊传到皖西;陈独秀也曾"将《新青年》、《每周评论》、《湘江评论》等进步书刊寄给其在一师读书的表弟濮德治。濮德治和王步文等同学在一起秘密传递"③;先后任舒城第二高小校长、芜湖二农校长的王蔼如,也通过他在北京大学读

---

① 朱蕴山:《回忆"五四"运动前后在安徽的活动》,《安徽文史资料选辑》(第2辑),1982年,第5页。
② 《安徽文化史》编纂工作委员会:《安徽文化史》(下),南京:南京大学出版社,2000年,第1938页。
③ 周诗长:《薪火——安庆一中百年史稿》,合肥:黄山书社,2006年,第82页。

书的弟弟王天羽,不断获取《新青年》、《新潮》、《新生活》等刊物供学校的师生阅读;刘希平还"为学生订阅了大量的进步书刊,如《新青年》、《新生活》、《新潮》、《湘江评论》等"①。就这样,无论是省外的皖籍知识分子,还是省内的进步人士,都积极参与到在安徽本土传播新思潮的工作之中,各种刊物开始陆续被传播到安徽各地。

新思想的传播,为安徽的知识分子和广大的民众创造了积极参与政治文化和公共生活的条件。据统计,当时仅传入安庆、芜湖两地的书刊就有《新青年》、《湘江评论》、《每周评论》、《新潮》等,种类"不下数十种之多"②。这些进步刊物的传入,大大促进了安徽本土新文化运动的发展,如王步文就曾在省立一师的校园内创办了"秘密图书社,搜集、借阅革命书刊。为了保密,他们把一些进步书刊拆散,互相传阅"③;钱杏邨(阿英)在六安省立三农教国文,就曾向学生介绍《新青年》杂志中陈独秀、胡适等人的作品,宣传新文化思潮。在阜阳,"进步教师王允仲、李石生等都把富有新思潮的《新青年》、《学生杂志》、《小说月报》、《每周评论》等刊物介绍给学生阅读,启发思想,提高认识,打破旧的伦理、道德观点,深受一般爱国进步学生的欢迎"④;第三师范的学生们则自发凑钱去订"《新青年》、《少年中国》、《时事新报》(有副刊《学灯》)、《民国日报》(有副刊《觉悟》)等,再凭报纸上的广告去选购一些新书"⑤;刘希平曾在教学过程中鼓励自己的学生效仿《新青年》,用白话文去写信、写文章;濉溪三高小学的进步青年郑子玉、文天情等人在时代的感召下于1921年自发组织了青年社,"社内设有图书馆……组织学生

---

① 《芜湖古今》,合肥:安徽人民出版社,1983年,第211页。
② 中共安徽省委党史工作委员会:《安徽现代革命史资料长编》,合肥:安徽人民出版社,1986年,第184页。
③ 周诗长:《薪火——安庆一中百年史稿》,合肥:黄山书社,2006年,第83页。
④ 《芜湖古今》,合肥:安徽人民出版社,1983年,第183页。
⑤ 李霁野:《五四运动对我的影响》,《安徽文史资料选辑》(第36辑),北京:中国文史出版社,1990年,第156页。

阅读进步刊物,邀请地方进步人士讲演国内外形势"①;原在北京大学图书馆担任管理员的合肥人蔡晓舟也于1921年回到安徽,在安庆开办了文化书店,他经常将自己收藏和购买的各种宣传新文化的刊物赠送给学生,对安庆各校的进步师生进行马克思主义宣传,"还经常召开座谈会"②,一时间安徽的"各种思想、各家学派、各类主义……真是'百家争鸣',百花缭乱"③。

前文提到的设在芜湖长街的科学图书社,在安徽传播进步刊物过程中起了重要作用。汪孟邹1913年在上海创办了亚东图书馆,1915年《新青年》(注:第1期名为《青年杂志》)创刊后,汪孟邹将他开设的上海亚东图书馆和芜湖科学图书社作为《新青年》杂志的第一批"代派处",这也是《新青年》杂志能够在安徽迅速传播的重要地域和市场因素。1912年,商务印书馆、中华书局、世界书局也先后在芜湖开设分店,新文化运动刚开始时,"芜湖的'商务'和'中华'这两大书店,仅出售它们的本版书籍;其他如'江海'、'渊海'、'大启堂'、'寄逸山房'、'文富山房'等书店也只代销一些四书五经、旧小说和七字唱本一类的书"④,"书店中,商务印书馆出版的《东方杂志》、《学生杂志》、《英文杂志》等,买的人很少。两家旧书店,全是线装书,种类亦不多"⑤。而此时的科学图书社已经开始经销国内各地出版发行的书刊,除零售自己出版的亚东版图书外,那时有名的书局如泰东书局、创造社、开明书店、生活书店等出版的新书在店堂都有售卖或代购。除《湘江评论》、《新潮》、《创造周刊》、《语丝》、《北斗》等新刊物外,诸如鲁迅的《呐喊》和《彷徨》、蒋光慈的《少年漂泊者》、茅盾的《蚀》、郭沫若的《女神》等新书在科学图书社的书店货架上大量出现。当时,"《新青年》、《中国青年

---

① 《芜湖古今》,合肥:安徽人民出版社,1983年,第186页。
② 中国人民政治协商会议安徽省委员会文史资料研究委员会:《安徽文史资料选辑》(第4辑),1982年,第2页。
③ 胡苏明:《"五四"时期芜湖反帝反封建的斗争》,《安徽文史资料选辑》(第2辑),1982年,第29页。
④ 《芜湖古今》,合肥:安徽人民出版社,1983年,第136页。
⑤ 胡苏明:《"五四"时期芜湖反帝反封建的斗争》,《安徽文史资料选辑》(第2辑),1982年,第27页。

报》、《响导》、《创造周刊》,以及长江书店出版的《共产主义ABC》、《辩证唯物论》等宣传马克思列宁主义的书报,总是到了一批卖掉一批"①,"书店那间窄小的房间里总是挤满着青年人"②,"科学图书社每到新书杂志,则争先抢购"③。

由于新书及刊物的丰富,科学图书社再次吸引了全省学术界精英和文化人士的目光,它不仅成为安徽各地传播新文化、新思想的重要阵地,也是在皖的进步知识分子交流思想和加深彼此情谊的重要场所。"当时省立第五中学的刘希平、高语罕,民生中学的李克农、宫乔岩、钱杏邨(即阿英),还有省立第二农校、省立第二女师、公立职业学校等校的卢仲农、卢伯荪、王筱山等人,都经常出入科学图书社,在该店议论时局,交流意见"④;蒋光慈在芜湖第五中学读书时,就经常到科学图书社去看书或买书。新文化运动期间,芜湖科学图书社交由陈啸青经营。蒋光慈深受陈啸青的特别优待,两人还从买卖的关系发展成为好朋友⑤。1925年五卅惨案后,阿英和张慕陶等人曾编写过一本《苍茫》杂志⑥,它的总寄售处就设在科学图书社。这本32开、4个印张的小刊物,设有诗歌、小说、杂谈等栏目,具有明显的进步文艺性质。"之所以取名为'苍茫',是取其无涯之意,喻示'五卅'运动的浪潮汹涌澎湃无际无涯"⑦。第4期上刊登了阿英的一篇名为《到民间去》的读书笔记,从此在全国文学界"开启了今后'文学大众化'及'大众文学运动'的先声"⑧。而当

---

① 中共安徽省委党史工作委员会:《安徽现代革命史资料长编》,合肥:安徽人民出版社,1986年,第185页。
② 《芜湖古今》,合肥:安徽人民出版社,1983年,第136页。
③ 胡苏明:《"五四"时期芜湖反帝反封建的斗争》,《安徽文史资料选辑》(第2辑),1982年,第29页。
④ 程敷信:《传播进步思想文化的芜湖科学图书社》,《芜湖文史资料》(第1辑),合肥:安徽人民出版社,1984年,第104页。
⑤ 吴似鸿:《蒋光慈回忆录》,《中国现代文艺资料丛刊》(第3辑),上海:上海文艺出版社,1963年,第135~179页。
⑥ 目前可看到的原件只有一本标明时间为"1926年6月16日"的第4期,仅存4页,收录于安徽省图书馆。
⑦ 吴家荣:《阿英传论》,合肥:安徽教育出版社,2004年,第22页。
⑧ 吴家荣:《阿英传论》,合肥:安徽教育出版社,2004年,第22页。

时的进步人士在省内各地开办的书店,如蔡晓舟在安庆高井头开办的"文化书店"、胡苏明在六安城里开办的"进化书局"、郑晋燕在霍山第二高等小学开办的"新衡书店",都是从芜湖科学图书社批发进步书刊,在当地零售。"信息流的增长播下了变革的种子,也是信息开阔了人们的眼界"①,"他们张开了过去沉鼾的睡眼,觉得在这个奴隶世界以外,还另有一个独立的、自由的、平等的、没有剥削和压迫的新世界"②。新文化运动初始,安徽这种与全国运动同一步调、同一阵势的文化宣传,拓宽了当地学术精英以及普通民众、进步青年的视野,使得安徽的新文化运动从一开始就超越了地域限制,处于全国的风口浪尖之上。

## 二、安徽本土新文化运动思潮的发展

辛亥革命虽然推翻了清朝统治,建立了中华民国,但是从思想文化的变革来看,它显然是一次极不彻底的革命,彼时层出不穷的复辟就从一方面证明了皇帝虽不在皇宫,但仍存在于百姓的头脑中。换言之,新政权虽然在风雨飘摇中建立起来,但民众的思想仍停留在过去,这也是促使新文化运动产生的一个重要前提。当时的安徽和全国大部分省份一样,处于北洋军阀的思想钳制之下。早在1912年9月20日,袁世凯就颁布了《整饬伦常令》,宣称"中华民国,以孝悌忠信礼义廉耻为人道之大经",强令国民要"恪守礼法,共济时艰"③,实际上就是再次将尊孔读经提升到民众精神生活的首要位置。1913年6月22日,袁世凯又发布《尊崇孔圣令》,"查照民国体制,根据古义,将祀孔典礼,折衷至当,详细规定,以表尊崇,而垂久远"④。此后他又以政府名义发布了一系列类似的命令,如《大总统发布尊

---

① [美]韦尔白·施拉姆:《大众传播媒介与社会发展》,金燕宁译,北京:华夏出版社,1990年,第44页。

② 戴文秀:《"六二"运动的回顾》,《安徽文史资料选辑》(第2辑),1982年,第122页。

③ 《命令第144号》,《政府公报》,1912,9。

④ 中国第二历史档案馆:《中华民国史档案资料汇编》(第3辑),南京:江苏古籍出版社,1991年,第2页。

孔典礼令》、《大总统发布规复祀孔令》、《大总统发布崇圣典例令》、《大总统发布亲临祀孔典礼令》，并以政府和军队之威，强令在国内推行。这一系列命令的出台并不是出自他内心对于古籍和圣贤的推崇，其真正目的不过是假借文化复兴来恢复业已中断的"君臣之礼"，加固延续数千年封建统治"君臣父子"的伦理体系，为其在文化上复古和政治上复辟做舆论上的准备。比如北洋政府1914年3月颁布的《褒扬条例》就是其重提传统伦理道德、企图恢复封建统治的最好体现。条例最显著的地方就在于褒扬贞节烈女，而所谓的"节妇：其守节年限自30岁以前守节至50岁以后者。但年未50而身故，其守节已及6年者同。烈妇烈女：凡遇强暴不从致死，或羞忿自尽，及夫亡殉节者，属之。贞女：守贞年限与节妇同。其在夫家守贞身故，及未符年例而身故者，亦属之"①。这显然与传统的三从四德如出一辙，是借褒扬之名，以树立传统的封建伦理楷模，鼓吹女性要从一而终，与倡导女性解放、婚姻自由和男女平等的科学民主、自由平等的潮流完全背道而驰。政府在思想界的倒行逆施，使得其成为新文化运动猛烈抨击的对象。为了进一步向普通大众传播民主与科学的新思想，巩固和推动前期未完成的启蒙，大批知识分子以文化教育机关和报纸杂志等为阵地，向普通民众和青年学生宣传新思想和新文化，去"重新发现'人'，去'辟人荒，'"②。报刊是启迪民智、宣传新思想最主要的工具，在"1917到1921年间，全国新出的报刊有1000种以上"③。而此时在安徽本土创办、以宣传新文化运动为主旨的书刊亦蔚为大观。这些报刊虽存续时间长短不一，办报质量也参差不齐，但它们无一例外都宣传了新思想，激发了广大群众和青年的积极性，有力地推动了新文化运动的发展，为解除政府的思想禁锢起到了积极作用。

---

① 《褒扬条例》，《申报》，1914年3月16日。
② 《中国新文学大系(1917～1927)建设理论集》，上海：上海文艺出版社，1980年，第194页。
③ 周策纵：《五四运动：现代中国的思想革命》，南京：江苏人民出版社，1996年，第247页。

《皖江日报》最初是一份民营性质的商业报纸,创办于1910年12月21日。报纸每日一期,一直到1937年12月5日停刊,历时27年,它是芜湖近代报业史上存续时间最长的一份报纸。创办初期该报由曾在南京高等学堂当过教习的安徽桐城人潘怒庵任主笔,张九皋为总编辑,报纸刊登的文章等全部采用文言文,主要刊登启事、工商广告和商业行情,发挥了为市民传递信息、方便市民工作与生活的作用。报纸的主编谭明卿(1885~1938)是安徽太平县人,他1906年就与焦二凤、齐月溪合办过《风月谭》,这是一份休闲型娱乐小报,以刊登名人的风流韵事和搜罗社会的奇闻逸事为主要内容,报纸娱乐性强,但文化或学术格调不高,不过由于为民众所喜欢,报纸的销路很好。1910年他与上海《新闻报》、《中外日报》的驻芜访员张九皋一起创办了《皖江日报》。谭明卿的著述虽不多,但他很有商业头脑,善于用人,也敏于发现新闻热点。在他的努力下,《皖江日报》、《皖报》、《鸠江日报》和《商务日报》一起被视为清末芜湖的四大知名报纸①。辛亥革命爆发后的第二天,《皖江日报》就以"武昌方面有激烈炮声"予以简报,随后又逐日发"号外",最多一日发三次"号外",它对于时事的传播及时、迅速,有时候甚至比上海的报纸还要早上两三天,因而,《皖江日报》在安徽乃至全国文化界的影响都较大。

　　1919年,时任该报主笔的怀宁人郝耕仁将其副刊改辟为《皖江新潮》。郝耕仁曾是同盟会成员,也是当时安徽知名的西化话剧团——"进化团"的副团长。"进化团"曾于1911年在芜湖首演新兴话剧《黑奴吁天录》,开启了安徽近现代话剧运动的先河。在郝耕仁的主持下,《皖江新潮》以提倡新思潮、反对旧文化为宗旨,下设评论、小说、诗歌、戏剧、通讯等栏目,一方面大力提倡白话文,公开声明不再刊登旧体诗文,另一方面则全力抨击所谓的"庙堂文学",鼓励文学大众化,贴近大众,为时局服务。1920年10月8日(孔子诞辰日),《皖江新潮》因刊登钱杏邨的一篇题为《孔丘也配称至圣先师吗?》的文章而引发一场风波,前清遗老组织祭孔洒扫会因此文要求当局查封《皖江日

---

① 详见戈公振:《中国报学史》,北京:中国新闻出版社,1985年。

报》,"枪毙钱杏邨和郝耕仁"①。《皖江新潮》所刊登文章还注重反映社会生活,主张婚姻自由,批评封建礼教,推行新风俗,"社会各阶层人士及青年(最多是学生)争相订阅,风行一时"②。在副刊《皖江新潮》的影响下,《皖江日报》也开始刊载类似的文章和消息,鼓吹人权和平等,宣扬新思想,一举成为安徽传播新文化运动思潮的重要阵地。郝耕仁还推荐张恨水来《皖江日报》担任编辑,张恨水在副刊上发表了《紫玉成烟》,并连载了其长篇白话小说《南国相思谱》,深受读者的欢迎,报纸的销量也随之攀升;除连载小说外,张恨水还写了《小说闲评》,并把一些朋友的笔记刊登在报纸上,他的这一举动又激发了众多写作者向《皖江日报》投稿的热情,这在很大程度上拓展了作者群,也丰富了报纸的内容。当时报纸的撰稿人中既有高语罕、钱杏邨、李克农等知名学者,也有蒋光慈、李宗邺等在运动实践中"获得思想初步解放的青年"③。他们"大量发表关于文体改革和社会问题的文章,思潮流播,风靡一时,社会人士和青年都成了这个刊物的爱好者",《皖江日报》也就成为安徽"启蒙运动时期一支响亮的号角"④。

在芜湖近代报业史上存续时间较长的另一份报纸是《工商日报》。这份报纸由张九皋在商界人士的筹款资助下,于1915年10月20日创办。由于当时社会实业的兴起,为满足芜湖的商业需求而创办了这份报纸的,该报纸原以刊载工商新闻和有关实业的论述为主要内容。随着新文化运动在安徽的逐渐深入,在开明商人的支持下,该报也逐渐改变文风,刷新报道内容,办报的方向开始倾向于宣传民主,五四运动后,该报全部改用白话办报,还曾在芜湖掀起一股白话诗词热潮。《工商日报》还报道过不少有关工人运动的新闻,比如1925年4月18日安

---

① 吴家荣:《阿英传论》,合肥:安徽教育出版社,2004年,第20页。
② 王持华:《芜湖学生运动纪略》,《安徽文史资料选辑》(第2辑),1982年,第94~95页。
③ 胡苏明:《"五四"时期芜湖反帝反封建的斗争》,《安徽文史资料选辑》(第2辑),1982年,第44页。
④ 王持华:《芜湖学生运动纪略》,《安徽文史资料选辑》(第2辑),1982年,第65页。

庆印刷工人的总罢工。在五卅惨案消息传到安徽后,《工商日报》于1925年6月3日、5日、10日、14日、15日、16日、18日、21日和7月12日、13日、14日连续报道了上海工人示威、商店罢市、工人罢工、学生罢课以及各地成立后援会的情况。与此同时,《工商日报》还登载"安徽后援会"致外交部及全国各报、各地军阀的通电,充分表现出其紧跟时代潮流、反帝反封建的立场。

1918年,由安徽省教育会主办的《安徽教育通俗报》正式发售,这份周六刊出、4开4版的报纸是在《新青年》杂志的影响下诞生的。从创报伊始它就以科学与民主为办报宗旨,以新文化运动思潮为办报导向,着重揭露军阀统治下安徽的社会现状,呼吁民众与学生进行反抗。除此之外,在当时的安徽,着力宣传和推动新文化运动的书报刊物还有很多,但大多存续时间较短。这也反映了新文化运动初期"文化激进"式的普遍现象,创办伊始,创办者大都一腔热情,随着运动的深入,他们的兴趣点逐渐转移,加之人员的流散,资金后继不足,这些报刊往往办了几期就无疾而终。如在安庆还有由蔡晓舟、王步文、方乐周等创办的《黎明》、《安庆学生》、《洪水》、《寸铁》和安徽学联的《安徽学生周刊》,朱蕴山等创办的《平议报》;"太湖县民众教育馆复刊了停办多年的《太湖镜报》","报上的文章都为反对旧道德、提倡新道德,打击和讽刺土豪劣绅,提倡禁烟、禁赌、妇女剪发、放脚等"①。在芜湖有高语罕、卢仲农、王肖山、蒋光慈等创办的《自由之花》、《芜湖学生会旬刊》、《芜湖半月刊》等,还有学生自己油印的刊物,如被称为"安徽北大"的省立五中的《实践》、省立第二甲种农业学校的《海灯》等,高语罕还撰写和出版了介绍社会主义和民主主义的通俗读物——《白话书信》,该书在两年多时间里再版了8次。除此之外,安徽和县、含山两县在芜湖读书的进步青年学生还创办了"和含学会"的《会刊》,并请时任宣城四师教员的恽代英为之写了序言。同一时期,滁县、全椒、凤阳、濉溪、萧县、休宁等地也先后创办了以宣传科

---

① 中共安徽省委党史工作委员会:《安徽现代革命史资料长编》,合肥:安徽人民出版社,1986年,第183页。

学、民主和新文化运动为主旨的不同名称的报刊,如1921年创刊于合肥的《安徽第六师范周刊》、1922年宿县学生联合创办的《宿县导报》等。这些刊物大都昙花一现。和《新青年》等知名刊物比较起来,这些报刊显得简易、粗糙,内容和体制也不统一、完备,且绝大多数是不能作为一个完整的文化体进行研究的,但报刊中"主张人身、言论自由"①的思想主线切合了当时的奋斗主题,所以很得民众之心,因而,销量都很好,并产生了很大的影响。显然,它们也是安徽新文化运动中不可替代的重要部分,现择其具代表性的部分报刊予以详解。

《自由之花》是入读于芜湖省立五中的蒋光慈、胡苏明、李宗邺等编印的团体社刊。这些进步学生先成立了一个无政府主义性质的政治文化团体——安社,为了联络社员,宣传社团主张,他们出版了这份同人社刊,后来外校的阿英等也加入进来。安社成员在刘希平、高语罕等人的启迪和影响下,积极投身新文化运动,反对军阀专制压迫,大力批判封建旧礼教,提倡移风易俗、婚姻自由;后来在郝耕仁的帮助下,社刊得以铅印发行,印刷质量较同期其他校刊要高出不少,并寄往国内各校,"从此,校与校之间得以借它来起着知识交流和情感联系的作用"②。由于《自由之花》抨击军阀统治,反政府色彩较为浓厚,态度也较鲜明,对封建专制和附着其上的伦理文化进行了不遗余力的攻击,因此芜湖军阀马联甲很快下令将其查禁。

1921年,"安徽各公团和刘希平、李光炯、光明甫等提请我(朱蕴山——笔者注)筹办《评议报》③,兼任总主笔","通过《评

---

① 安徽省志·新闻志编委会办公室编:《安徽新闻百年大事》,合肥:黄山书社,1999年。
② 王持华:《芜湖学生运动纪略》,《安徽文史资料选辑》(第2辑),1982年,第95页。
③ 据现存原件考察,应为《评议报》,朱蕴山本人于1921年春初,在《怀友兼告别六安各学校同学师友》一诗前序中就曾提道:"刘希平、李光炯等和各公团提请我筹办《评议报》兼主笔。"朱世同整理:《朱蕴山纪事诗词选》,合肥:安徽人民出版社,1981年,第75页。

议报》来评议当时的安徽政局,宣传革命思想"①,当时,它的《微光周刊》②在学生中颇有影响。这份创办于安庆的报刊,一方面评议安徽的时局政治,揭露军阀的反动统治和贿选丑闻,传播革命思想,如在促进安庆"六二"学潮、反对倪道烺贿选省议会和拒绝李兆珍入皖的政治斗争中,《评议报》都发挥了传播真相和号召民众的作用;另一方面又向安徽民众介绍了国外情况,传播了西方文化及有关西方社会的信息。1922年5月1日,《评议报》为纪念"五一"劳动节出了一期《劳动纪念节特刊》。这期特刊一共刊载了9篇文章,其中2篇是转载的中国社会主义青年团的重要文献,剩下的7篇分别是蔡晓舟的《我对于今年劳动节底感想》、稳公(朱蕴山——笔者注)的《为做劳动运动者进一言》、胡浩川的《日本劳农运动最近状况》和尾鳞的《劳动界今后应有之觉悟》,以及未署名的《芜湖劳工会宣言》、《劳动运动底究竟》2篇文章和《可怜底工人》诗歌。这些时论性文章与诗歌,通过浅显的实例和通俗的语言,向读者传播了劳动创造一切的道理,为劳动正名的同时也为工人等劳动者正了名。

  1921年4月30日,由高语罕等人主办的《芜湖学生会旬刊》正式创刊。这份报刊辟有宣言、评论、译著、要闻(分为国内要闻、本会要闻)、文艺、小说、著述、丛谈、消息等栏目,现在安徽省博物馆可见到该报刊的1～4期原件。之所以称其为报刊,因为它虽名为刊,实际上版面是4开4版,与同时期大多数自办报刊一样,它的出版时间也不固定,第2期到同年的5月20日才出版,第4期则延期至1921年6月10日,此时正值安庆"六二"惨案发生之际,因此关于这一事件的报道占了报纸很大篇幅,其中《安庆学生被杀详情》就以报告文学的形式,详细记述了安庆学生为争取教育经费和军警发生冲突的经过,揭露

---

① 朱蕴山:《回忆"五四"运动前后在安徽的活动》,《安徽文史资料选辑》(第2辑),1982年,第6页。
② 《微光周刊》的主办人是李霁野(安徽霍邱人)和韦丛芜(其兄韦素园,安徽六安人),现代著名文学社团未名社的重要成员,现代翻译家;1922年他们在安庆办了《微光周刊》,主要是抨击旧道德,尤其是旧的婚姻制度,引起反响最大的一次,是李霁野和韦丛芜把自己要求解除婚约的信函发表在周刊上。

了北洋军阀迫害和残杀姜高琦等学生的罪行。除紧贴时事外,该报纸的最大价值在于其充分展现了当时的青年学生对新文化运动的态度。在西方文化的冲击之下,传统的儒家价值体系逐步丧失了领导地位,青年知识分子们"对于旧时一切礼俗,思想,以及家庭,社会,国家底组织,固然是不愿意无意识的服从",但是,在面对新文化运动的先驱们所着力建设的新价值体系时,他们也"不愿盲目的信仰,事事物物,要给他一个'?'"①,而这种质疑传统、大胆反抗的精神恰恰是知识分子领导和发起新文化运动的动力所在。"新思潮的根本意义只是一种新态度。这种新态度可以叫做'评判的态度'。……尼采说,现今时代是一个'重新估定一切价值'的时代。'重新估定一切价值'八个字便是评判的态度的最好解释"②。这种不盲从传统、支持新思潮的态度,是这份报纸对于新文化运动最好的理解和阐释,在这种积极的怀疑精神的指导下,创办人从事探索和研究,"发表学术研究的所得和疑问,及对于人道正谊的主张"③。

1921年5月15日发行的《芜湖半月刊》,是"芜湖学社"(由芜湖省立五中学生创建)成员集资创办的同人刊物。"我们这些同志现都在研究学术,想把我们知道的一知半解,发表出来,和对于学术有兴趣的阅者,研究研究","认定改造社会,先要改造青年底思想,要想改造他们的思想,先要养成他们思辨的能力,研究的兴趣,和慎重的态度"④。该刊物"原定于当年5月9日(国耻纪念日)创刊"⑤,后因故延期。报纸的总发行处为芜湖省立五中,分发行处则设在科学图书社和上海的民国报馆,"自第四号起,该刊又在上海、长沙、武昌、宜兴、杭州、北京和省内安庆、阜阳、六安、宣城、芜湖等11个城市增设代派处"。值得注意的是,"这些代派处均为当时各地新文化运动的重要阵

---

① 《芜湖学生会旬刊宣言》,《芜湖学生会旬刊》,1921年4月30日。
② 胡适:《新思潮的意义》,《新青年》,1919年12月1日。
③ 《芜湖学生会旬刊宣言》,《芜湖学生会旬刊》,1921年4月30日。
④ 《芜湖半月刊宣言》,1921年5月15日。
⑤ 哈晓斯:《皖人轶话》,《皖事拾零》,合肥:安徽人民出版社,1989年,第283页。

地","《芜湖》半月刊与全国各地新文化运动的这种密切联系，使它的影响远远超过了芜湖甚至安徽省的范围"①。现可查阅的原件为1～4期，均为4开4版，刊物开设有评论、研究、译述、文艺、通讯、随感录、国外调查和短评等栏目。在可查阅的4期《芜湖半月刊》中，绝大多数的文章都谈到了"五九"②和"五四"的意义。比如陈德征在第1期发表了一篇《五月九日底感念》，分析了"五九"和"五四"、"五一"在政治及革命性质上的区别。李宗邺在第2期的《五四后爱国运动底影响》一文中强调了五四运动对社会公共生活及文化层面的深刻影响。除此之外，这份刊物还发表了一些文艺专题研究和文学作品，比如在第2、3、4期上连载的陈德征的《狄鲠生研究》（即狄更斯研究——笔者注）、发表在第3期上的署名"遁生"的小说《花》和高语罕的诗歌《省会门前的血》。

《安徽第六师范周刊》1921年9月26日创刊于合肥，创办人的初衷：一是为了在合肥宣传新文化运动思潮，二是为了记录该校在新文化运动中的实际情况。它也是一份4开4版的小报，现可查阅到的原件有第1号（9月26日）、第3号（10月10日）、第8号（11月14日）和第21号（为劳动节专号，1922年5月8日）。从这4份原件中可以看出，这份报纸所设栏目有评论、讲演、文艺、校闻、思潮、读书录、随感录等。在第21号的专号中，还刊登了一个四幕短剧的文学剧本——《芜湖底劳工会》。这充分反映了新文化运动时文艺作品与工农生活的实际结合。这期专号更多展示的是爱国救亡的内容，虽也有对于现实的揭露和工人权利的呼请，但总体上还是为政治斗争服务。《芜湖底劳工会》是作者宛敏灏根据当时芜湖人力车夫为减少租车费，和车行老板、军阀政府进行斗争这一真实的历史事件改编而成。这个剧本告诉广大劳动者，要想赢得生存的权利就

---

① 《芜湖半月刊宣言》，1921年5月15日。
② "五九"指的是指1915年5月9日，时任中华民国大总统的袁世凯接受日本二十一条的大部分条款，因这二十一条是日本帝国主义以吞并中国为目的，而强加于中国的单方面"条约"，因此5月9日被视为出卖中国主权的"国耻日"。

必须团结一致、共同斗争,向当权者乞求不可能有成效,最有效的手段就是团结起来和他们抗争到底,这一主张显然与五四运动的罢工热潮很契合。在最后的"编者按语"里,编者还号召芜湖和各地的劳动者团结起来,成立自己的组织。非常有意思的是,1920年9月29日,上海的《民国日报》副刊上刊登了短篇小说《罢市的流血》,这篇两千多字的小说也是以芜湖的人力车夫为主角,讲述一个普通的人力车夫在芜湖罢市当天的不幸遭遇,揭露和鞭挞了安徽军阀当局的罪行。不过这两则故事的事件原型和故事发生的历史背景是完全不同的,后者取材于1919年6月8日的芜湖第一次罢市运动,小说的作者是芜湖省立五中的学生李宗邺,这也是目前可考的最早一篇以反映五四时期芜湖罢市斗争为主要内容的文学作品。

高语罕的《白话书信》初版于1921年1月,出版当年就印行了3次,达9000册,后应广大读者的要求多次再版,先后共印过20次,第8版1923年9月由汪孟邹主持的上海亚东图书馆印刷发行,后被国民党审查机关认定为禁书,要求"严予禁毁,以绝流传"。全书共分5编,收录了106封书信。《白话书信》的内容广泛,涉及家庭、社交、工商、论学4大类题材,所收录信件内容涉及层面较为广泛,社会政治、哲学伦理、恋爱婚姻、文化教育研究、社交经商,以至家庭琐事诸方面,几乎皆有涉猎。这本书信集在新文化运动时曾风行一时,是亚东图书馆发行超过10万册的唯一书籍,它和胡适的《尝试集》、陈独秀的《独秀文存》一起,并称为上海亚东图书馆的三大畅销书。

《白话书信》原为高语罕1920年写的一份自编讲义,是他给芜湖商业夜校学生上课用的教案,由于反映良好,高语罕遂萌发了将讲稿整理出版的念头。他在"自序"中坦言,书中所收信件,不过十分之一是实在的,其余全是"乌有先生"。形式上看,它是一本推广白话文、向广大民众介绍如何写信的入门书,实际上,这本书,"每篇皆含有社会极切要,亟待解决的问题,或是描写社会的真象,抉出人性的隐秘。时或有戏曲的趣味;时或有小说的意思;时或有诗歌的情感"[①]。其书信内容完全迎合

---

① 高语罕:《白话书信·自序》,上海:亚东图书馆,1929年,第1页。

了当时广大青年读者的阅读心理,侧重反映青年人在生活中所遇到的各类思想问题。该书明确提出"婚姻自由,男女平等","家庭书信"中就涉及女性应与男子享受平等对待的权利和婚姻自由的问题,虽然由于历史和时代的限制,高语罕还尚未明确揭示女性不幸、包办婚姻以及女性解放这些问题的实质和根源所在,但较之以往,他对于女性解放问题的探讨要深刻和尖锐得多;在"社交书信"一栏中,他谈到了社会上出现的各种不公平现象,揭露了军阀政府的黑暗统治和"因人设法"的法制混乱现象;在"工商书信"中,则讲到工人劳动的辛苦、收入的微薄以及遭受的压榨和不公正对待,揭露了资本家对劳动者的无情剥削;在"论学书信"部分,则详述了文学的创作主题、白话文学的益处等问题,强调"文学是人生的表现和批评,从最好的思想里写下来的,有想象,有感情,有体裁,有合于艺术的组织"[①]。同时,该书还旁及马克思、恩格斯的《共产党宣言》,虽然这部分内容仅是片言只语,但是高语罕通过浅显的语言,向读者介绍了马克思主义基本知识,他也因而成为安徽传播马克思主义的第一人。《白话书信》是一本颇有教益的知识性辅导读物,可读性与实用性兼具,它的出现顺应了当时新文化运动的潮流。

无论对于文学界还是对于整个社会而言,这些新报刊的出现与传播意义都是重大的,"人是观念的囚徒……真正的革命发生在人们的头脑中,这就是观念的革命。观念革命是对既定价值的一次全面再评判,它把人的精神从旧思想的樊篱中解放出来,引入一个崭新的世界。可以说,是观念革命造就了人的更新"[②]。安徽知识分子成为新文化在皖传播的先锋和中坚主力,他们通过创办报刊、组织相应的社团,向普通民众灌输科学民主、天赋人权的现代理念,将安徽与整个中国的风云变幻紧密相连,帮助安徽知识分子迅速摆脱以三纲伦理为核心的传统意识形态的束缚,掀起了追求平等和个性解放的热潮,新文化运动也得以在安徽如火如荼地展开,这有力地推动和促进了五

---

① 高语罕:《白话书信·自序》,上海:亚东图书馆,1929年,第1页。
② 钱满素:《爱默生和中国——对个人主义的反思》,北京:三联书店,1996年,第1页。

四运动的发生,它也为日后建立真正民主的国家奠定了思想基础。

## 第二节　教育界的情况

北洋军阀统治时期,安徽亦处于水深火热之中。为反抗黑暗统治,教育界兴起了一波又一波的学潮运动。安徽此时层出不穷的学潮运动正是新文化运动在教育界的集中体现,它们积极争取教育经费,坚决捍卫民众的受教育权;驱逐反动校长,争取安徽教育的独立与自由;反对贿选议员,将新文化运动的影响扩展到政治领域,不仅让知识分子为之摇旗呐喊,而且让整个社会都密切关注新文化运动的发展。同时,积极响应全国的五四运动,安徽教育界还大力推动安徽各界开展爱国运动。陈独秀曾撰文评论说:"安徽在直系势力管辖之下,他们若只是空喊几声,也比广东、浙江学界的空喊有价值,况且他们还有在空喊以上的实际动作,在这一点上看起来,安徽学界又实是全国学界之领袖。"①

安徽新教育体系的创立则是新文化运动在教育文化层面进一步深入的结果。新文化运动的先驱者痛感现有教育制度的腐败,考虑现有教学内容的保守和落后,他们开始寻求革新教育、改造社会的途径。他们摒弃旧的教育形式和教学内容,积极在全省学校推广白话文教学和西式教育科目,改革旧的教育评价和考核体系,更新教学方法,实行男女同校,组织成立学生自治会和教师联合会,提高学生与教师共同管理学校和设定教育内容的能力。他们还一改以往的招生办法,开始招收平民入学,创办平民学校、商业夜校,努力推动各层次的平民教育,引导学生从课堂、书本走向社会,深入民间,了解社情民意,激发学生改造社会的志趣;组织青年学生赴法国勤工俭学,推荐思想进步的学生到苏联学习,1919 年 3 月 17 日到 1920 年 12

---

① 陈独秀:《安徽学界之奋斗》,《响导》,1923 年 11 月 16 日。

月 15 日间,"安徽赴法勤工俭学学生为四十三人"①。这些活动,对于科学和民主思想的传播,以及安徽教育体系和内容的革新,都产生了积极影响。其中,省立安徽大学是当时安徽文化教育的集大成者,它的筹备和创立都烙上了新文化运动的印记,那些富有人文情怀和理想追求的教授群体,将新文化运动精神转化成具体的教育行动,开展了建校、办校活动,培育和造就了一代新国民。

## 一、"革新教育"的学潮

1912 年 6 月,柏文蔚出任安徽都督兼民政长,在都督府秘书长陈独秀等人的协助下,为发展安徽的教育、水利和交通事业作了很多努力。"民国元年,先父(柏文蔚——笔者注)任皖督时,委陈独秀为秘书长。凡安徽施政措施,诸如充实行政机构、整顿财政开支、兴办教育、解放妇女、破除封建迷信、实行禁烟等,陈莫不参与其事,襄助其力"②。可惜这一良好的改革局面并没有能够维持,二次革命失败后,柏文蔚就被迫离开了安徽。从 1913 年开始,北洋军阀统治下的安徽政治腐败,战祸连年,经济凋敝,尤其是在皖系军阀倪嗣冲独霸安徽的 8 年时间里,"对于当时规定的教育、实业、司法等行政机构,都没有设立"③,此前一度欣欣向荣的安徽教育文化事业受到了几近灭顶的浩劫。倪嗣冲(1868~1924),本名毓桂,字丹忱,安徽阜阳人,他是以"祸皖"之名而闻名全国的地方军阀。早年他曾投靠袁世凯,辛亥革命时,出任河南布政使,帮办军务。1913 年他奉袁世凯之命攻占安庆,随后即任安徽都督,独揽全省的军政大权,成为名副其实的统治安徽的土皇帝,当时他在军事上已经有 5 个混成旅,60 个营,而实际上他可调动的军力远不止

---

① 中共安徽省委党史工作委员会:《安徽现代革命史资料长编》,合肥:安徽人民出版社,1986 年,第 219 页。

② 柏心瀚:《缅怀先父柏烈武将军》,《纪念柏文蔚先生》,1986 年,第 153 页。

③ 王传厚整理:《倪嗣冲在安徽的罪恶统治》,《安徽文史资料选辑》(第 7 辑),1986 年,第 4 页。

此,"倪嗣冲进驻安徽后,立即宣布国民党为'乱党',革命者为'匪',在阜阳、寿县等地肆无忌惮地残杀讨袁军。对逃亡外地的革命党人则派特务追踪暗杀,如讨袁军第二支队司令张汇韬与范鸿仙、张子刚、孙德生等革命党人均被倪的特务暗杀于上海"①。不仅如此,倪嗣冲在政治上极具投机性,袁世凯死后,他又投靠了段祺瑞。1917年他支持段祺瑞解散国会,是"督军团"倡乱的祸首,后又出兵拥护段祺瑞的武力统一,成为当时皖系军阀中极有实力的人物,这样的人物统治安徽,对于安徽前期新文化运动的危害可想而知。

以倪嗣冲为代表的北洋军阀在安徽取得政权后,为了维护在地方的绝对统治,一方面实行政治"高压政策",严控社交言论和青年集会;另一方面又大肆摧残和横加干涉文化教育事业,引起全省民众的强烈不满。由于得新风气之先,安徽早已培育了一大批具有激进民主革命思想的青年学生,如安庆的周新民、章汉璋、方洛舟、章正常等,芜湖的李克农、薛卓汉、胡浩川、蒋光慈等,受新文化运动的影响,他们更是将改造专制社会、改良军阀专制、推进民主政权看成是自己义不容辞的责任。面对倪嗣冲的高压政策和野蛮行径,为了捍卫前期的革命成果、保护宣传阵地,这批新生代知识分子不断发表通电、宣言和文章抗议北洋军阀的行径,朱蕴山就曾"写了一本《燃犀录》,即'倪嗣冲祸皖记',来揭露倪嗣冲祸皖的罪行。这份材料油印了一百多份,分寄京、津、沪、汉同乡会,呼吁他们一致起来救乡救皖"②。这一时期安徽学潮发生频率高、力度大,在全国都很有代表性和影响力。"民国九年这一个学年里,各省学校,受新潮的激荡,时势的要求,闹风潮的甚多,但是风潮闹得最多、最利害、最变幻的,依我看起来要算是安徽"③。虽然参与学潮的只

---

① 《安徽文化史》编纂工作委员会:《安徽文化史》(下),南京:南京大学出版社,2000年,第1931页。

② 朱蕴山:《回忆"五四"运动前后在安徽的活动》,《安徽文史资料选辑》(第2辑),1982年,第3页。

③ 杨效春:《芜湖、宣城两处的学校参观记》,《中华教育界》,第11卷第3期。

是些手无寸铁的书生,对倪嗣冲的统治并没有造成根本性危害,但是这一群体的活动已经对当时安徽省政局产生了重大影响,如五四时期的反贿选、废除督军、驱逐反动省长等运动都与他们有直接关系。尽管此时的安徽仍是军阀操纵一切,但是被学潮唤醒的民众对于民主政治的追求,足以给身处北洋军阀黑暗统治下的安徽人民带来新的希望,由学潮带来的学生、工人和商人的全民动员是新文化运动进入城市社会生活新领域的重要标志。至此,学潮的影响面从学生群体、知识群体,开始向工人阶级和下层民众扩展,受学潮的影响,人们开始自发组织起来,参与国事,争取民主自由。

(一)争取教育经费

为确保自己的军费开支,巩固自己在军阀中的地位,倪嗣冲不顾法律规定和社会反对,公然裁减安徽的教育机构,削减和挪用大量的安徽教育经费,作为他扩张地盘的支出。"当清末之时,新式学校初兴,安徽教育颇能随时代进展……一时生气勃勃,颇有朝气……民国二年(1913年——笔者注),倪嗣冲复将全省各级学校与教育机构,全予停闭"①。1916年,为了将教育经费移作军队办团防使用,倪嗣冲竟然下令让安徽全省的中小学校停办1年,这一大胆荒唐的举动在全国都难找其二。在倪嗣冲的强令与霸权之下,"安徽的教育经费在1915年到1921年间下降到全国倒数第二位,呈现奄奄一息的状态。不少学校连续几个月不发教师薪金,教师生活没有着落,广大学生经常受到失学的威胁"②。1917~1918年是皖系军阀势力最盛时期,此时安徽的教育出现了严重倒退,从同时期的全国教育调查可知,安徽在全国教育界的排名从以往的前列位置退到了倒数第二位,"据1923年全国26个省市学生数进行比较,安徽高等学校学生数居第21位,中等学校学生数居第15位,初等学校学生数居第19位。若以各省人口与小学学生数百分比进行比较,则安徽小学生数仅占全省人口的0.49%,在全国居

---

① 吴景贤:《六二运动始末》,《学风》,1934年第6期。
② 张南:《简明安徽通史》,合肥:安徽人民出版社,1994年,第490页。

第 25 位,仅比新疆略高一些"①。正如黄炎培所说,北洋军阀统治时期,安徽的教育"民国 2 年大退步,三四年稍进矣,唯四年岁出数由 58 万减为 34 万,不可谓非厄运也"②。

面对倪嗣冲的霸权,1921 年 6 月 2 日,安庆知识分子和青年学生发动了一场反对倪嗣冲侵吞教育经费的斗争,史称"六二"学潮。这是安徽教育界最具代表性的一次为争取教育经费、捍卫教育权利而进行的大规模斗争。据"六二"学潮的直接参与者戴文秀回忆,是年,在省议会编制各部门预算前夕,安徽省教育界为挽救本省的教育事业,极力要求政府增加教育经费投入,经过教育界人士的多方调查,查出"民国六年度时,有剩余金十四万一千四百余元,民国七年度时,有剩余金六十三万一千七百余元,两共七十七万三千余元,均系未经支销的省款"③,于是便请求将这项结余增拨为 1921 年的教育经费,以增加学校数量,并提高办学质量。可是教育界的合理要求遭到了省财政厅的拒绝,因为倪嗣冲已预先"吩咐财政厅长陶熔将这项余款列为特别预备费,充作三届省议员贿选经费"④。面对这一结果,6 月 2 日,安庆各中等学校的学生代表向省议会请愿,要求政府保障并增加教育投入,但遭到了官方拒绝。省立一师等校的学生听闻请愿的消息后,自发结队前往声援抗议,"安庆卫戍司令马联甲调来军队,殴打学生代表,冲击请愿队伍,致使 39 名学生重伤、205 名学生轻伤,其中两名重伤学生姜高琦、周肇基先后不治身亡,酿成震惊全省的'六·二'惨案"⑤。6 月 3 日,为了给受难学生讨回公道,省学联发动安庆各校集体罢课,

---

① 王鹤鸣:《安徽近代经济探讨(1840~1949)》,北京:中国展望出版社,1987 年,第 236 页。

② 安徽省地方志编纂委员会:《安徽省志·教育志》,合肥:安徽人民出版社,1997 年,第 14 页。

③ 戴文秀:《"六二"运动的回顾》,《安徽文史资料选辑》(第 2 辑),1982 年,第 125 页。

④ 王开玉、杨森:《安庆史话》,合肥:安徽人民出版社,1981 年,第 63 页。

⑤ 《安庆师范学院百年校史(1898~1998)》,http://www.aqtc.edu.cn/bainianxiaoshi/blxs1.htm。

并发表宣言,要求惩办马联甲等肇事凶手,学生们还自发组织了多批次的演讲队,在街市上张贴标语,向市民散发传单。6月中旬,学联代表携姜高琦的血衣到芜湖、上海等地公开演讲,省学联的《安徽省学生会周刊》还连续刊文揭露军阀的罪恶行径。安徽军阀的暴行引起了全省乃至全国人民的不满,北京、上海、天津等地的学校纷纷通电声援,《申报》《时事报》《民国日报》等都刊登了安庆教育界这一惨剧;6月9日高语罕为"六二"学潮撰写了《学潮中的教育》的专论和一首题为《省会门前的血》的诗歌,刊登在《芜湖半月刊》1921年6月15日第3号上;胡适则写下了《死者——为安庆此次被军警刺伤身死的姜高琦作》一诗,刊登在同年6月21日上海《民国日报》副刊《觉悟》上,3天后,老决(笔名,真名无从考——笔者注)的《六二的安庆》也在同一副刊登出;与此同时,响应学生的正当吁请,安庆商人罢市,工人罢工。

迫于社会压力,安徽北洋军阀政府才被迫同意增拨教育经费,并设立了教育经费管理处,委派专人负责管理,前文提到的程滨遗就曾担任过省教育经费监察委员会主任。安徽的教育经费因此得到了基本保障,民众的受教育权得以捍卫,也正因此学潮的推动,新文化运动思潮才有最起码的传播场所。

(二)驱逐军阀校长

经过新文化运动的洗礼,人们对北洋政府的军阀统治和社会腐朽极为不满,青年学生更是将改造社会、改造政府,视为自己的职责所在。为了达到对全省民众进行精神控制之目的,倪嗣冲将自己的手下安插在安徽省各学校机关,"以武夫治校",引起当时安徽教育界的强烈不满,"吾安徽今日之教育职,质言之乃三四等以下含有政治意味之差事耳。上等之优差不易得,乃纷纷集矢于此。地位贬损,尊严尽失,稍自好者,皆望望然去之。反观晚清时代,吾皖省城各校其校长等职,多系延请有品有学高名宿望者充之,今也何如?惟见以报酬政客耳,以调剂官僚耳,以位置所私耳"[①]。在安徽革新教育的学潮中,斗争最激烈的是学生群体驱逐北洋军阀任命的嫡系校长,从芜湖的省

---

① 高亚宾:《安徽教育机关之弱点》,《安徽教育月刊》,第8期。

立五中到安庆的省立一师、省公立法政专门学校,当时安徽境内几乎所有省立学校都掀起过推翻军阀校长、争取教育自由的学潮。

"安徽的新文化运动,实际上是从芜湖第五中学开始的"①。芜湖五中(即省立五中)的学生首先掀起了"反潘风潮",潘光祖原是省参议会的议员和省"公益维持会"的骨干分子,因五中学生时起学潮,马联甲特意安排他来五中坐镇,密切监视和限制学生活动。1916年,五中学生以学潮的形式赶走了潘光祖,一致拥护该校的进步教师刘希平担任校长。刘希平(1873~1924),安徽六安人,1906年留学日本,并加入同盟会,1912年与光明甫等人筹建安徽江淮大学并兼任主讲,闻名遐迩。1915年他来到芜湖省立五中教授国文及修身课,"经常将新文化方向、动态和民主思想,向学生介绍"②,甚至"从某种意义上说,刘希平实际上是陈独秀在安徽的代表"③。担任校长后,刘希平大力进行教学与体制的革新,与学监高语罕一起极力推行西学,后在高语罕的介绍下,沈泽民、郑太朴、钱杏邨(阿英)等深受新文化运动影响的教师被聘请到五中任教,五中的学习风气和教学质量因而有了显著改善。

1919年,安徽省公立法政专门学校的学生在周新民、童汉璋带领下,也掀起了学潮运动,学生们高举"军阀爪牙滚回去"的标语,要求驱逐时任校长的前清旧官僚张鼎臣。张鼎臣向来反对法专学生参与和进行任何的爱国活动,当学生们掀起反张运动时,"张鼎臣雇用流氓殴打进步学生,激起了更多师生的抗议,最终被学生驱逐出法专。当局又任命有贪污腐化丑行的旧官僚丁述明为法专校长,全校师生当即罢课40多天,拒绝丁到

---

① 朱蕴山:《回忆"五四"运动前后在安徽的活动》,《安徽文史资料选辑》(第2辑),1982年,第5页。
② 胡苏明:《"五四"时期芜湖反帝反封建的斗争》,《安徽文史资料选辑》(第2辑),1982年,第28~29页。
③ 朱蕴山:《回忆"五四"运动前后在安徽的活动》,《安徽文史资料选辑》(第2辑),1982年,第5页。

校任职"①,一致要求当局聘请光明甫回皖就任法政专门学校校长。光明甫(1876~1963),安徽桐城人,名升,字明甫。他于1902年考入南京的江南高等学堂,1905年又考取安徽省第一届赴日留学官费生,在日留学期间,他入读东京早稻田大学,攻读政治经济学,与章太炎、陈独秀过往甚密。随后,光明甫结识了孙中山和黄兴,加入同盟会。1910年回国后任安徽旅宁公学、官立法政学堂教务长兼政治教员,他把学校课堂作为传播新思想与新文化的阵地,向学生大力宣传民主革命思想,还担任过《戊午杂志》的编辑,宣传民主、科学和法政思想,他还为《新青年》积极撰稿。因光明甫更具专业眼光,对于法政教育有自己的心得,因而他更受青年学生的信任与拥护。倪嗣冲迫于形势,最后不得不接受学生的要求,于1920年春,电请在沪的光明甫回皖担任省公立法政专门学校的校长。就任后,光明甫一方面积极参加反对军阀黑暗统治的斗争,如前文提到的"六二"学潮;另一方面着力于改善学校的教育环境,努力维护学生、教职工的正常教学秩序和学术活动,他特意去沪采购大批进步书刊,充实学校图书馆,并设立贩卖部,销售新文化运动书刊,还聘请郁达夫等来校任教,开阔学生的视野。

受前几次学潮胜利的鼓舞,安徽学生要求革新教育的热情进一步高涨,1920年,省立第一师范的学生方乐周、王先强等联合学校及社会进步力量,发动学潮,赶走了校长赵继椿,请李光炯掌校。赵继椿深得倪嗣冲的信任,曾任省参议会副议长,有军阀背景,是前文提到的"六二"学潮惨案的参与者之一②。其实从现存的校史资料来看,赵继椿虽然在政治上属于军阀一系,但是在他办学期间,学校的教学和管理工作并没有出现明显的停滞和后退,从1916年《安徽省立第一师范概况》的"学则"中可以看出,赵继椿曾详细地制定了29项管理规则,从学生管理、教师队伍建设以及学校图书、仪器的更新等,他都细致地列了表格。他的这一行为足以表明他与前文提到的两位军

---

① 《安庆师范学院百年校史(1898~1998)》,http://www.aqtc.edu.cn/bainianxiaoshi/blxs1.htm。

② 王阳春:《毛泽东小店记的光明甫先生》,《党史文苑》,2007年第5期。

阀校长还是有着本质的不同,作为治校者,他还是努力提高学校管理的科学化和体系化。然赵继椿始终是北洋军阀在学校的利益代表,虽然在校纪管理上,他并无出格之处,但在教育内容的选择上却与新文化运动思潮背道而驰。他在一师推行圣贤及私塾教育,学校里供奉有孔子的牌位,课堂和礼堂内悬挂有《圣谕广训》,规定师生每逢节日必须给至圣先师的牌位行三跪九叩的礼制。在课程设置上则提倡尊孔读经,设有专门的修身课,讲授《弟子箴言》,宣扬孔孟之道。这种办学模式无疑与新文化运动思潮的社会趋势以及师生对于新思想、新文化的渴求是大相径庭的。而接替赵继椿的李光炯,则聘请了大量开明人士,宣传新文化,"如许恪士、李立民、王慧泉、孙养臞等人,结合教学向学生灌输新思想,宣传新文化。一时学校新风蔚起,一扫那些陈腐的封建教学方式和内容"①。李光炯秉承新文化运动"科学与民主"的精神,与"打倒孔家店"的呐喊相呼应,除努力传播新文化运动思潮外,李光炯还打破当局不准在校学生参加社会活动的限制。

刘希平与光明甫、李光炯,成为当时安徽教育界新力量的中心,"为了配合学生会的运动和使这个运动走向更有力、更正确的方向"②。他们联络安徽其他学校拥护民主革命及新文化思想的校长,组成"安徽省(中等以上学校)教职工联合会"、"安徽教育会"。与此同时,他们还邀请朱蕴山主办《平议报》,通过报纸陈述政见,评论安徽政局,揭露军阀的黑暗统治,宣传革命思想,推动民主爱国运动。"上述三个学校的改组,是安徽教育革新的关键"③。

(三)反对贿选议员

安徽省议会成立于1912年,倪嗣冲统治安徽后,全力压制

---

① 周诗长:《薪火——安庆一中百年史稿》,合肥:黄山书社,2006年,第45页。

② 戴文秀:《"六二"运动的回顾》,《安徽文史资料选辑》(第2辑),1982年,第123页。

③ 周新民:《"五四"时期的安徽学生运动》,《安徽文史资料选辑》(第2辑),1982年,第14页。

和查禁安徽一切的民主活动。他大肆捕杀革命党人,制造恐怖高压氛围,1914年,他还下令解散省议会和各县议会,1916年,迫于全国形势,他不得不重开议会,为了控制省议会,1917年他指使刘道章、宁子愚和侄子倪道烺等人在安徽各地建立"公益维持会",还"拿出三百万元,在全省六十个县,以每张选票三百至五百元的高价进行贿选"①。"公益维持会"的总部设在安庆,分部则下设在安徽各县,倪氏私党除进行选民名册造假外,还指定竞选人,要求机关大小官员按名单选举,以此对选票进行监控。在1918年安徽省第二届议会选举中,倪嗣冲凭借这个非法政治组织,在选票上大肆造假,操纵和控制议会选举,结果当选的108位省议员几乎都是他的亲信和党羽,李光炯就曾愤慨地指出:"督军(倪嗣冲——笔者注)拥重军,上干国纪,下为民害;议会天职在代表民意,而助督戕民,今日国家根本大患,即在于此。此而不除,不特皖政无澄清之日,而先烈艰苦缔造之民国,亦危乎贻哉!"②

1921年,在倪嗣冲的指使下,倪道烺再次派人携带活动经费赴全省60个县进行活动,企图贿赂安徽省第三届议员选举,此举引起安徽学生和社会各界人士的强烈不满。在社会各界的支持下,安徽省学联成立了"安徽省澄清选举团","发表宣言,号召全省各界人士团结起来,揭露军阀贿选的丑闻,抵制军阀贿选,坚持安徽议员必须由安徽人民选举产生"③,以反对贿选产生的三届省议会,要求清除贿选议员,维护议会的独立性,捍卫民主政权。1921年夏天,省学联发动全省学生,利用暑假回乡的时间,调查历届议会选举舞弊的情况,鼓励学生搜集政府捏造选民假票的证据,集体向当地法院起诉,公开贿选内幕。比如在无为的地方选举中,地方士绅卢幼能、丁小侯利用巨款

---

① 王传厚整理:《倪嗣冲在安徽的罪恶统治》,《安徽文史资料选辑》(第7辑),1986年,第9页。
② 王传厚整理:《倪嗣冲在安徽的罪恶统治》,《安徽文史资料选辑》(第7辑),1986年,第46页。
③ 王开玉、杨森:《安庆史话》,合肥:安徽人民出版社,1981年,第72页。

贿赂李茂延,用谎报、捏造选民选票和名单的手段张榜公布,骗取省议员席位。返乡的学生在以朱子帆、卢仲农、朱大猷等为首的开明人士的领导下,揭下了"谎榜",并指控贿选;"猪仔议员(指的是当时的贿选议员——笔者注)全中国各省都有,独有安徽学生加以群众的惩戒"①。在学生的反抗下,1921年,倪道烺不得不以40万银元贿赂北洋政府内阁总理靳云鹏,委派倪嗣冲的旧幕僚、倪道烺的老师李兆珍担任安徽省长。安徽的学生再次奋起斗争,拒不承认李兆珍为安徽省长,学生们组织庞大的学生拒李队,"教职员和学生2000多人,背着行李睡卧江岸,把守城门,不许李兆珍下岸入城就职。李看此情况,化装成商人混入省长公署。安庆、芜湖两地立即举行'三罢',进行游行示威,直捣公署。卫兵与学生发生冲突,还打伤二农教员王肖山,引起了群情怒愤。李兆珍慑于群愤,终于溜出省长公署逃跑了。驱李运动取得成功,安庆还举行了万人庆祝大会"②。李兆珍被逐后,安徽旅京同乡会提出"皖人治皖",提议由东至县人许世英出任省长。经过近一年的斗争,1922年7月12日,经法院判定,无为的议会选举无效,消息传出后,全省各地法院才纷纷援此例判决当年的议员选举无效,从而使得当年的省议会无法召开。

在这场反对贿选议员的运动中,学生再次成为运动的主力军;他们接受了新文化思潮的洗礼,知道议会是民主政权的一部分,明白议员的价值,因而才对此充满斗争的激情;同时他们不畏强权,敢于揭发和起诉,这都显示了这一新生群体的大无畏精神。在这次学潮中,学生直接揭露了军阀政府的黑暗统治,推动了安徽社会的整体进步,从而扩大了新文化运动的影响范围,将其影响面扩展到社会各阶层。

(四)响应全国五四运动

国势的日渐衰微和新文化运动的熏陶,是学潮频频爆发的深层原因。1919年5月4日,北京爆发了五四运动。这场反帝

---

① 陈独秀:《安徽学界之奋斗》,《响导》,1923年11月16日。
② 朱蕴山:《回忆"五四"运动前后在安徽的活动》,《安徽文史资料选辑》(第2辑),1982年,第7页。

反封建的爱国民主运动正是新文化运动开启民智的必然结果，也是追求民主的思想启蒙运动在社会政治层面的一次集中体现。消息传到安徽后，青年学生纷纷给予集会以声援，"安庆自京潮发生而后，倪督禁学生演说甚力，所有沿途粘贴传单悉予撕毁，遂致群情愤激而无所泄。延至二十六七等日，乃有全体罢课之密议，事为吕省长所闻，急令警察厅立发布告，略云：'……如有纠众滋事，紊乱秩序之行动，依法逮惩……遇有学生发布传单，违法纪而不服取缔者，一经查出，即行依法严办，决不姑宽。'不料布告甫出，则传单密布，且益加多。二十九日，即有数校学生不肯上课，复公推代表十二人拟质问官厅撕毁传单理由。当经当事校长查明代表学生姓名，一律开除，以致众心愈忿。三十日，所有省垣中等以上各校一律罢课并结队游街发、贴传单，有'你们撕，我们贴，见人心，终如铁'等语"①。1919年5月7日，芜湖各校举行游行示威，由省立第五中学起草传单、口号和请愿书，发表学潮宣言和通电，与京、沪两地的五四学生运动相呼应。"游行队伍由大马路、华盛街到达芜湖市商业中心长街，一路上发表演讲，散发传单，高呼口号，市民无不震惊，许多店员、人力车夫及码头工人也参加进来，汇成了一支声势浩大的示威大军"②。合肥、六安、阜阳、徽州等地学生也纷纷罢课，举行示威活动，通电反对卖国的外交行径，要求惩办卖国贼，释放五四运动中被捕的学生。

学生们的爱国运动，得到了教育界和社会民主人士的有力支持，五四运动爆发时，周新民是安徽省公立法政专门学校的学生，也是当时安徽学生运动的领导人之一，曾担任全省学生联合会副会长。据他回忆，"在安庆、芜湖学生示威游行后，安徽教育界和社会人士如李光炯、刘希平、史恕卿（即史大化）、洪世奇（即洪子翎）、卢仲农、周松圃、沈子修、朱蕴山、蔡晓舟、吴遁生等，对于学生运动均深表同情和支援。同时，以程鸣銮为首的安庆商界亦召开各行业代表大会，一致决议罢市三天，并

---

① 杨亮功：《五四运动各界之响应》，《早期三十年教学生活·五四》，合肥：黄山书社，2008年，第154~155页。

② 《芜湖古今》，合肥：安徽人民出版社，1983年，第95页。

组成'安徽省各界抵制日货委员会',把反帝反封建的口号化为更具体的实际行动"①。高语罕还发动学生组织了"芜湖学社",同时策动芜湖当地人力车工人总罢工,组织成立全省第一个劳工组织——"芜湖劳工会"。《工商日报》《皖江日报》《民嵒报》《芜湖半月刊》等进步报刊,都不断报道安徽省内学生的爱国运动和各界人士支持学生斗争的情况,表明安徽人民声援北京学生爱国行动的决心。"安徽学生于游行结束后第六天(五月十五日),即组成临时工作机构,叫做'安徽学生团'"②;为了便于统一领导学潮和进一步推动安徽学生的爱国运动,5月25日,"安徽省学生联合会筹备会召开各校学生代表会议,选举委员十五人,再由委员中互选正副会长,正式成立安徽全省学生联合总会(简称安徽学联)"③。联合总会选举方洛周为会长,下设文书、宣传、组织、教育、经济、交际6部门,分别展开活动,既各司其职,在行动中又统一为整体,使得随后的学潮走向正规化、有序化,避免了前期的混乱与无序。

自此,安徽省有了第一个全省统一的学生组织,省学联成为日后领导全省学生开展反帝反封建爱国学潮运动的中坚力量。6月16日,省学联还推选汤志先、常禹元为安徽学生的代表,出席了在上海大东旅社举行的全国学生联合会成立大会。安徽本土原本零散的学生运动逐步正规化,成为全国青年开展反帝反封建斗争的一支重要力量。

省学联成立后,首要职责就是积极领导和推动全省各地学生开展爱国运动,以呼应北京的五四运动。它的第一个最具体行动就是抵制日货,"(安徽)学联为着有效地打击日本帝国主义,认为必须彻底地检查日货,杜绝来源,并唤起广大人民不买

---

① 周新民:《"五四"时期的安徽学生运动》,《安徽文史资料选辑》(第2辑),1982年,第11页。

② 周新民:《"五四"时期的安徽学生运动》,《安徽文史资料选辑》(第2辑),1982年,第11页。

③ 中共安徽省委党史工作委员会:《安徽现代革命史资料长编》,合肥:安徽人民出版社,1986年,第159页。

日货"①。1919年6月初,安徽学联设立了国货检查所,开展抵制日货的斗争,并于7月间在安庆开设了一家国货贩卖部,收集学生的手工制品进行出卖,以此呼吁全国人民罢买日货,支持国货。学生们的行动得到了工人、社会名流和工商业主等各阶层人士的有力支持,1919年6月11日,安庆商人开展总罢市抗议活动;1919年6月8日,芜湖掀起了工人罢工、学生罢课、商人罢市的"三罢"高潮;六安、阜阳、合肥、宣城等地也开展了声势浩大的"三罢"斗争。为了使这场运动扩大化,省学联一方面广泛开展反帝反封建的爱国宣传活动,组织宣传队上街演讲,"组员由各校学生轮流担任,每星期日分上下午两班出动。讲演时往往声泪俱下,听众极为感动"②;编印了《安徽全省学生联合会周刊》,大力提倡新文化,反对帝国主义文化和经济侵略以及封建文化的束缚,刊物1919年6月上旬出版发行第1期,总共出版6期,每期印数为500份,虽然发行量不大,但这份周刊在当时起到了文化宣传的作用,为学潮的深入发展打下了思想基础。另一方面组织学生创办义务小学校,用他们的学识去影响底层民众,从而达到开启民智、号召民众的作用,"安徽学联于1919年八月间,在怀宁县学宫设立义务小学校一所。这个小学第一批学生七、八十人,均系劳苦人民的子弟,经常召开家长会议,对家长灌输爱国反日的思想"③。

五四运动期间,安徽学生在宣传、动员和教育广大普罗大众方面发挥了重要作用,在他们的感召下,工人、城镇居民和工商业者同步行动起来,共同投入到五四运动中,形成了一股行之有效的强大斗争力量。此次学潮中,学生们开始建立组织,将原本分散的力量集中起来;他们还通过办报、演讲和创办学校来宣传新思潮,显然这比以往单一的政治运动要有效和持久得多。

---

① 宋伟年:《热烈响应"五四"运动的安庆学生》,《安徽文史资料选辑》(第2辑),1982年,第59页。

② 周新民:《"五四"时期的安徽学生运动》,《安徽文史资料选辑》(第2辑),1982年,第12页。

③ 周新民:《"五四"时期的安徽学生运动》,《安徽文史资料选辑》(第2辑),1982年,第12页。

## 二、新教育体系的创立

伴随新文化运动思潮宣传的深入,"守旧足以亡国"俨然成为新文化运动倡导者及参与者的共识。然而,为了维护统治,北洋军阀政府在文化教育方面仍然着力推行封建教化;1914年6月24日,时任教育总长的汤化龙在《教育部饬京内外各学校中小学修身及国文教科书采取经训务以孔子之言为指归文》中要求全国各中小学校必须设置读经课程,并保证教学学时,"嗣后各书坊各学校教员编纂修身及国文教科书采取经训务以孔子之言为旨归,即或兼采他家,亦必择其与孔子同源之说"[①];1915年,袁世凯以大总统令颁布《特定教育纲要》,规定要"施行义务教育",但他所强调的义务教育并不是人们所期望的西式教育,而是以"三纲五常"为指导方针;在"教科书"一节中规定中小学必须增加读经一科,根据学生的接受程度,"读经"的要求被划分为初等小学讲读《孟子》,高等小学讲读《论语》,中学讲读《礼记》和《左氏春秋》。

事实上,在年轻学子中大力或强制推行传统文化教育并无太大不妥,相反,它还是保存传统文化的一种手段,但一来彼时的推崇不是为了捍卫国学和保卫传统文化,而是为了教化与钳制的需要;二来此时新文化运动勃然待发,民众对于新思潮的渴望压倒一切,这种情况下,恢复读经无疑是与社会走向相违背。因此,革新教育体系,反对旧的、封建伦理教化的教育内容,就成为安徽新文化运动反封建文化、反军阀霸权的主要内容,"大家一致认为,黑暗的政治局面甚长,这不仅是安徽一个地方的现象,当前的任务应该争取在学校机关长期埋头下去,从改革教育、培养青年入手,提倡新文化,竭力而慎重地介绍新思潮,去提高青年们的社会责任感"[②]。

---

① 《教育部宣示编定教科书要旨》,《申报》,1914年7月2日。
② 朱蕴山:《回忆"五四"运动前后在安徽的活动》,《安徽文史资料选辑》(第2辑),1982年,第3页。

### (一)新教学内容的制定

"1918年9月,我(朱蕴山——笔者注)和桂月峰来到六安正式筹建,得到当时县长李铭楚的支持,由县劝学所垫借3000元、各界捐助2000元作为开办费,借六安老赓飏书院旧址为校址,于当年冬筹建告竣。同时,我还筹备六安女子学校于城西,推但西平为筹备员,聘吾妻周佩隐为校长"①。1919年春,朱蕴山等人筹建的第三甲种农业学校和六安女子学校正式开学,他们以此为阵地,大力传播新文化思潮,并开展社会革命活动。

朱蕴山聘任在安徽公学任教的沈子修为安徽省第三甲种农业学校的校长,聘请留学日本的同盟会会员桂月峰为学监,自己则担任学校的文牍兼修身课教员。"三农"在专业设置上分设农、林两专业,学制为四年(预科一年,本科三年),开设数学、英语、修身、社会发展史等课程。所聘教师多是当时的教坛名流或思想进步的新派人物,如国文教员钱杏邨(阿英)、总务主任兼农林业管理学教员江伯良、英文教员孙章云等。在教学内容上,取消了军阀政府规定的尊孔读经的教学活动,着重引导学生阅读当时宣传新思潮、新文化的书刊;在教学过程中,大力提倡白话文,侧重于对学生进行新思想的传授;还重视学生的生产实践,要求学生既要学习专业知识,还要亲身参与实践和农作。学校成立了教职工联合会和学生自治会,实现师生共同治校,提高师生关心学校的热情,提出了学校账务公开和校务公议的具体改革方案,师生共同参与和决定学校大事;还成立了新文化演讲会、爱国剧社等文学团体,大力开展社会文化活动,进行新思想、新文化传播,宣传科学与民主。学校一成立,即成为安徽各校竞相模仿的对象。

1920年11月,恽代英应章伯钧之邀来安徽省立第四师范学校任教。任教期间,他不仅担任教务主任主持教务工作,还兼授国文、修身等课程,组织并指导了一些进步社团,经常发表文章来抨击时事。恽代英还向学生宣传五四运动的重要历史意义,指导学生阅读当时的各种进步书刊。"学生们有时遇到

---

① 朱蕴山:《回忆"五四"运动前后在安徽的活动》,《安徽文史资料选辑》(第2辑),1982年,第4页。

疑难问题,他总是不厌其烦地分别给予解答,还定期作些专题讲述,有系统地辅导青年学生学习"①。他还大刀阔斧地进行教育革新,购书充实图书馆,扩充新式教学设备,改进以往的教学方法。他常以"服务劳动"和"放下架子"来勉励学生,"十分注意'人格教育'"②,并通过亲身参加体力劳动和刻苦学习、认真教学的实际行动来影响学生。他竭力提倡新道德,反对旧礼教,"过去和现在所谓道德,都是吃人无厌的东西,今后你们要实践的道德,就是怎样做新人——新青年,怎样做大事——救中国"③。

除在教学上大力提倡新文化运动思潮外,此时安徽的教育界人士还相当重视对学生进行实业培训。1915 年,安徽巡按使韩国钧就创办了省立第一甲种工业学校。1917 年又创立了省立女子蚕桑讲习所,后改名为省立女子职业学校,教学内容随之进一步丰富。这一类实业学校的创立,既革新了教学内容,又为安徽提供和储备了大量的经济人才,有助于地方实业的兴办。李光炯在担任省立一师校长期间,在课程设置上,就特地"在普通科外,又设工科,增开制图、实践、手工、木工、法制、农业等实用科目;还在西门外(今五中)建立实习生产的农场"④。

以民主与科学为思想主导的新教学内容的确定,进一步巩固了新文化运动在安徽的成果,为培养新生代的学生群体奠定了坚实的基础,也保证了新文化运动思潮在安徽的发展。而实业教育的开办,既为安徽地区经济的发展准备了技术人才,也推动了学生与社会各界的接触,让学生与市民之间有了更多的互动,学习的实用性增强,新文化运动的思想理念也因而得以

---

① [俄]伊里·穆考夫:《恽代英同志在安徽》,《安徽文史资料选辑》(第 2 辑),1982 年,第 191 页。

② 朱蕴山:《回忆"五四"运动前后在安徽的活动》,《安徽文史资料选辑》(第 2 辑),1982 年,第 4 页。

③ 中共安徽省委党史工作委员会:《安徽现代革命史资料长编》,合肥:安徽人民出版社,1986 年,第 214 页。

④ 周诗长:《薪火——安庆一中百年史稿》,合肥:黄山书社,2006 年,第 45 页。

普及到全省各阶层。实业教育在开启民智的同时也进一步扭转了社会风气,让教育走向了大众并服务于大众。

(二)创办义务教育

当时的安徽教育界除革新原本陈旧单一的教学内容之外,还大力兴办义务教育。

1919年11月,高语罕、刘希平二人通过筹款,外加芜湖电灯公司经理吴兴周的资助,在徽州公学的校址上办起了一所针对商业人员的夜校,专门招收各家商号的学徒和青年店员入学。他们创办这所学校的目的不单单是为了传播商业知识,储备商业人才,而且想通过义务教育的形式,吸引商号的工人参加,以扩大新文化的宣传面。为配合学生的时间,学校每晚7点至9点授课。虽然部分商家对于学校是抵制的,但教学井然有序,学生人数也日益增多,学校因而受到省内外教育界人士的瞩目以及引起整个社会的关注。夜校设有英文、商业通论、数学、商业历史、商业地理等课程,教材则由教师们自己编写。其中国文课程所选用教材,除有当时《新青年》等进步杂志上刊登的文章及历朝历代的爱国诗篇之外,还有前文所提由高语罕自编、出版后风靡一时的《白话书信》。商业夜校创办后,受到商界青年学徒的欢迎,也激发了他们学习与创作的热情,当时,商业学校一年级的学生吴惟贵,经过近四个月的学习,写了一篇《劝同学来校书》,该文章用直白朴素的语言书写了自身学习的乐趣与收获,并呼吁和其有同样工作及人生经历的学徒珍惜学习机会。经高语罕的推荐,1920年2月1日,北大皖籍教授李辛白主编的《新生活》周刊第24期上全文刊登了该文章。受地理条件的限制,一些离校较远的青年仍无法入学,高语罕和刘希平又通过募捐,争取到商界人士崔松谷、黄朋三等人的支持,在江口附近的江西会馆另办一所商业夜校,称为第二商业夜校,两校的课程设置和教材内容完全相同。1920年高语罕、刘希平又联络王肖山、汪孟邹、佘效宋等人,创办了芜湖工读学校,面向工人子弟和失学青年招生,与商业学校不同的是,该校设有制造、手工、木工等科目,半天学习,半天做工,既传播了文化知识,又培训了手工技能,因而很受年轻人欢迎。

除此之外,当时芜湖的学生联合会也通过筹款,创办了义务学校,教师从学生中选出,为不耽误自身的学习,采用半日授课的教学方式;省立五中的学生分会主办了平民夜校,招生对象是穷人子女;还有由李光炯、刘希平、朱蕴山创办的公立职业学校等。

这些通过筹款募捐方式创办的义务教育学校,为更广大的民众提供了受教育的机会。在课程设置上,他们依据学生的特点,既传授专业知识,又注重思想的开发与启迪,引导他们为改变自己的命运,进而为改变不合理的社会现状而斗争。义务教育的开展也促进了教育界与工商各界的联合,为新文化运动的深入发展奠定了坚实的群众基础。这些面向社会的办学机构,极大地吸引着社会各阶层的有志青年,将不同职业、不同家庭背景的年轻人团结起来,以实际行动完成了对封建教育理念的否定和颠覆,得到了当时安徽民众的广泛拥护。通过义务教育,既完成了对广大民众的启蒙工作,又促使社会各界开始关注底层人民和他们的精神及物质生活状况,"劳动界当然是知识幼稚,当然是生活卑下,当然是没有教育,没有团结;然而我(高语罕——笔者注)因为喜欢和他们谈心,喜欢问他们的'这怎么样?','那怎么样?'"①既了解了劳动者的现状,又拉近了与他们的距离,从而获得了良好的社会效果。

(三)筹备和创立安徽大学

地方综合性大学的成立是中央、当地政府、民众共同努力、协调的结果,它既是当地发展的重要见证,又是促进地区发展的重要力量。综合性大学既为地方和中央培养了人才,又对区域环境产生了潜移默化的影响。在安徽建立一所真正意义上的现代化大学,一直是近代安徽教育者的梦想。五四运动以后,关心安徽教育事业的有识之士就开始四方奔走,呼吁创建安徽大学,最为积极的当属蔡晓舟。

蔡晓舟(1885~1933),安徽合肥人,早期曾积极投身反清斗争,1908年参加了熊成基领导的安庆马炮营起义;后在北京大学总务处图书馆任职。1919年,曾撰写《白话文研究法》一

---

① 中共安徽省委党史工作委员会:《安徽现代革命史资料长编》,合肥:安徽人民出版社,1986年,第78页。

书。后回安徽进行新文化运动的宣传工作,曾和王步文等创办了《安庆学生》、《洪水》等刊物,倡导思想启蒙。他致力于教育事业,积极参与创办了"工读夜校"和义务小学,是安徽社会主义青年团的创建人。据安徽教育界前辈胡健吾回忆,"大学最先发起人为蔡晓舟。民国十年六七月间,蔡晓舟为大学事,奔赴北京,在香厂东方饭店,宴请安徽旅京同乡会数十人,报告安徽有设立大学必要之意义,旋由江朝宗、许世英、柏文蔚、李国箔、胡适、高一涵、姚憾、吴复振等二十余人,联名函请省长聂宪藩予以提倡"①。

1921年9月,在省内外学者及社会名流的大力倡议下,时任安徽省长许世英同意创建安徽大学②。1922年春,主持筹备工作的刘贻燕、徐光炜、蔡晓舟等拟定筹设安徽大学简章并组织了"安徽大学筹备处",所聘评议员都是当时知名的皖籍学者,如王星拱、章伯钧、高一涵、梅光迪、胡寅旭等60人;筹备处干事则进一步分为事务和交际两股,聘有徐光炜、胡适、陶行知、光明甫、程滨遗等人,但是由于经费问题争议不断,筹备工作只停留在口头阶段并未付诸实施。1923年2月,一直支持创建安徽大学的省长许世英因遭到贿选议员和军阀的双重攻击而被迫辞职,安徽大学筹备一事遂告结束。其后,安徽大学筹建工作两度重提,又两度搁浅。

直到1927年10月,军阀吕调元为了缓和安徽各界人士尤其是教育界的不满情绪,决定恢复安徽大学的筹建工作,并重新组建了安徽大学筹备委员会。这次筹备会成员除社会及学界名流外,还增加了政界要人,共11人,分别为:余谊密、胡春霖、张秋白、汤志先、雷啸岑、刘文典、吴承宗、廖方新、常宗会、刘复、吴善。其中,余谊密时任安徽财政厅长,雷啸岑时任安徽教育厅长,胡春霖时任安徽建设厅长,刘复时任安徽司法厅长,其余几人皆为当时的知名学者。政府方面,原计划推选王星拱担任筹委会主任,主持安徽大学筹建工作。王星拱(1888~

---

① 沈寂:《也谈蔡晓舟其人》,《江淮文史》,2000年第4期。
② 参见朱守良编:《皖江近现代高等教育人物研究》,合肥:合肥工业大学出版社,2006年。

1949),字抚五,安徽怀宁人,曾在安徽高等学堂读书,1908年赴英留学,获伦敦理工大学硕士学位,1916年回国后,任北京大学化学系教授、理科学长,他积极投身新文化运动,同时参与了《新青年》的编辑工作,在当时国内教育界和文化界都颇有声望。由于安徽大学筹建工作一拖再拖,而此时正在筹建中的武汉大学也向他发出了邀请,因而王星拱当时未能到任主持安徽大学的早期筹建工作,但1929年7月他出任了安徽大学校长,他也是安徽大学校史上第一位理工科出身的校长。

1928年2月13日,安徽大学筹备委员会第四次会议公推刘文典为预科主任,并决议于当年春季开设预科,分设甲乙两部,甲部为社会科学,乙部为自然科学,每部"招收一年级生两班,二年级生两班,每班五十人,男生兼收,省籍不限"①。至此,筹备了近9年的安徽大学终于拉开了招生大幕,学校的招生简章迅即发往全省各地,当年决定招收预科生172人,分两个批次招考。第一次考试时间是3月21日至23日,第二次考试时间是4月2日至4日。安徽大学开始招生之时,"正值大革命失败后,流散在各地的共产党员、共青团员,如俞昌准、刘树德、王金林、陈一煌、欧阳良劭(即欧阳惠林,后任江苏省政协副主席)、刘复彭(即刘丹,后任浙江省政协副主席)等都纷纷考入安徽大学"②。1928年8月,安徽大学文法学院正式成立,真正意义上的大学招生至此开始,此时的安徽大学文法学院内设中国文学系、教育学系、政治经济学系、法律学系,4个系首批招收本科生100余人。此时第一届预科生有140人毕业,他们大部分考入文法学院继续学习。刘文典任文法学院院长,同时主持全校校务。1929年,安徽大学校长由武汉大学副校长王星拱继任,"王(王星拱——笔者注)函胡先生(胡适——笔者注)约我(杨亮功——笔者注)回安庆替他筹划"③。次年夏,杨亮功继

---

① 《安徽大学招预科生广告》,《民岩报》,1928年4月1日;周乾:《民国时期省立安徽大学的院系设置与发展》,《安徽大学学报》,2008年第5期。
② 刘平章:《刘文典传闻轶事》,昆明:云南美术出版社,2002年,第134页。
③ 杨亮功:《早期三十年教学生活·五四》,合肥:黄山书社,2008年,第56页。

任校长,并遵照教育部令将学校正式定名为"安徽省立安徽大学","我(杨亮功——笔者注)就任安徽大学校长,在短短一年中,我总想在学校制度上、教学上或物质设备上建立一个基础。我力求教授生活安定,以增加教学效率。我希望学生培养一种读书风气"①。杨亮功在担任校长期间,裁撤了安徽大学预科,扩充各院系,其中文法学院增设外国语文学系,理学院增设算学系、化学系、生物系,改教育系为哲学教育学系,在他的努力下,安徽大学的教学体系和教师队伍设置始成规模:

| 职务 | 姓名 | 职务 | 姓名 | 职务 | 姓名 |
| --- | --- | --- | --- | --- | --- |
| 教务长 | 常导直 | 文学院长 | 王陆一 | 中国文学系主任 | 陆侃如 |
| 法学院长 | 张慰慈 | 理学院长 | 丁绪贤 | 外国文学系主任 | 朱湘 |
| 经济系主任 | 童冠贤 | 法律系主任 | 陈顾远 | 哲教系主任 | 常导直 |
| 算学系主任 | 何鲁 | 化学系主任 | 陈景琪 | 政治系主任 | 刘英士 |
| | | | | 物理学系主任 | 夏敬农 |

(注:上述资料参见杨亮功的回忆录②)

从所列负责人名单不难看出,安徽大学虽创办不久,但所聘请的各院系负责人皆是当时国内各相关专业学科颇具影响力的学者,此外,杨亮功还聘请了程仰之、苏雪林、张庆桢、冯沅君、谢子尧等人担任学校的任课教授。1932年程演生接任校长后,也先后聘请周建人、陈望道、刘大杰、汪静之、梅光迪、饶孟侃等人来校任教。这些具有学术影响力或专业造诣的教授群体的到来,使安徽大学教师队伍的质量有了很大提高,教学成效也随之获得极大改善,安徽大学初步显现出学术型校园的特色。在教授们的精心指导和大力支持下,从1929年到1936年,安徽大学先后成立20多个学术社团。既有英文学会、音乐戏剧研究会、社会学研究会、文学研究社这样的学术专业研究团体,也有法学周刊社、塔铃社、百花亭文艺社等注重实践的文化团体。各社团大多办有自己的刊物,如文艺刊物《塔铃》、《沙

---

① 杨亮功:《早期三十年教学生活·五四》,合肥:黄山书社,2008年,第63页。

② 杨亮功:《早期三十年教学生活·五四》,合肥:黄山书社,2008年,第61~62页。

漠》,学术刊物《法学周刊》、《安大化学》、《农学会报》、《新农周刊》等;除此之外,部分学生社团还曾借《皖报》版面开设过专刊,如《互励周刊》、《教育旬刊》、《文学旬刊》,借《民国日报》副刊开设《绿州》周刊等。省立安徽大学学生的这些学术活动,与当时北大学子的活动一脉相承,在教授治校的办学原则下,学校的学术氛围日益浓厚,昭示着在新文化运动影响下一个新生群体正蓬勃兴起。

在灿若繁星的近代中国大学史上,安徽大学并不知名,但是作为安徽省的最高学府和当时安徽省唯一的综合性大学,它的筹备和最终创立是当时众多皖籍知识分子和社会名流共同努力的结果,既代表着当时安徽最高的教育水平,也体现了安徽特有的社会文化精神,更为新文化运动在安徽社会的深入发展营造了舆论空间。对于当时的安徽教育界来说,它的成立与发展有着里程碑的意义。

# 第三章

# 皖籍知识分子与新文化运动

## 第一节 《新青年》的皖籍作者群

1915年9月15日,16开本的《青年杂志》一卷一号正式出版,创刊号的封面右侧印着红色的刊名"青年杂志",正上方是这本刊物的法文名称"LA JEUNESSE",刊名下方配有两两相望的青年画像,封面人物是美国人安德鲁·卡内基(Amdrew Carmegie,1835~1919,美国第一位现代工业巨头),在第1号内就有彭德尊为卡内基写的传记,他把卡内基描写成"艰苦力行之成功者"的代表,是"一个怀有独立自尊的气概、一往无前的理想人物"①,这是新文化运动的倡导者为当时青年选定的偶像。由陈独秀主编的这本杂志,从1916年9月1日出版的第2卷第1号起,正式易名为《新青年》。

这样一份从现在的审美视角看,无论在纸张选择,还是版面设计上,都是相当粗糙、简易的杂志,却是一本促进中国现代文化发展和推动历史进程的重要刊物,也是集中体现新文化运动思想的标志性期刊。陈独秀以民主与科学的思想为办刊理念,向封建意识形态和传统文化发动了猛烈攻击。在创刊号的《敬告青年》一文中,陈独秀向青年提出了6点要求,即:第一,

---

① 杨义:《中国新文学图志》(上),北京:人民文学出版社,1997年,第98页。

"自主的而非奴隶的";第二,"进步的而非保守的";第三,"进取的而非退隐的";第四,"世界的而非锁国的";第五,"实利的而非虚文的",第六,"科学的而非想像的"。这6点要求实际上宣告了新文化运动的思想主题和基本内容。皖籍知识分子群体新文学观念形成的模式很难用单个人物或某个皖籍知识分子名人(如胡适、陈独秀)的言行来加以表述,实际上它涉及整个新兴社会群体文化意识的构建与发展。这群不在皖的皖籍知识分子,在异乡是如何聚集,后期又是因何分离的?表面上看它不过是一代知识分子群体的文学活动和社交轨迹,其内里却映射着中国近代新兴社会群体的发生与变革。

### 一、皖籍作者群介绍

在创办《青年杂志》时,资金由陈独秀筹集,编辑由他聘请,重要文章由他执笔,约稿也大多由他负责,主编也由他担任。整个杂志的筹备工作以及杂志社的发行和业务重担同样全落在他身上,可以说,《青年杂志》以及早期的《新青年》几乎可以称得上是陈独秀的"独角戏"。所以,早期的《新青年》杂志比较集中地反映了陈独秀的思想。《新青年》为陈独秀所创办,可以说没有陈独秀就没有《新青年》。

作为刊物初期的主编和主要撰稿人之一的陈独秀无疑是这本杂志的灵魂,从篇目的安排到所选取稿件的格调,无不充溢着他的个人特色。第1卷6号所有的打头文章都是出自陈独秀之手:《敬告青年》(第1号)、《今日之教育方针》(第2号)、《抵抗力》(第3号)、《东西民族根本思想之差异》(第4号)、《一九一六年》(第5号)、《吾人最后之觉悟》(第6号)。在刊物作者的选择上,第一卷的作者几乎可以组成一个"安徽同乡会",除主编是怀宁籍的陈独秀外,还有六安的高一涵、合肥的刘叔雅(文典)、寿县的高语罕、桐城的潘赞化等,"《青年杂志》首卷作者有名有号可考诸人中,只谢无量和易白沙非安徽籍"①。早期《新青年》每期印数仅1000本,1918年1月,《新青年》第4卷第3号登载编辑部启事:所有撰译,悉由编辑部同人,共同担

---

① 陈万雄:《五四新文化的源流》,北京:三联书店,1997年,第6页。

任,不另购稿,更是直接指明了刊物的同人性质。直到陈独秀出任北京大学文科学长后,其文学革命主张变成"全国的东西",《新青年》的作者群才开始摆脱原本的单一地域限制。

　　谢无量(1884~1964),四川乐至县人。谢无量虽不是安徽人,但他的父亲谢凤岗曾在安徽担任过三任知县。谢无量4岁就随父母赴安徽,居住在芜湖市,曾与陈独秀等人一起办过《国民日日报》,还在安徽公学当过教员。1898年他拜汤寿潜为师,汤寿潜虽以经学名世,却也是当时社会上著名的维新派人物,谢无量的新思潮最先就是从他那儿接受的。1901年,谢无量考入上海南洋公学,国文教授为蔡元培,同班同学有李叔同、邵力子、黄炎培等,后来又结识了章太炎、邹容、章士钊等人,并参加了《苏报》的编辑工作。民国初期曾担任孙中山的秘书长、参议长,并兼任黄埔军校教官等职,孙中山逝世后,潜心改志,从事教育与学术,以学者身份终其一生。

　　易白沙(1886~1921),湖南长沙人。易白沙虽不是皖籍,但他长期在安徽从事教学和政治革命活动,自1903年应邀赴安徽怀宁中学任教后,直到民国初年,一直旅皖,先后任师范学堂、旅皖湖南中学堂校长;辛亥革命时期,曾与高一涵等人策划起义;二次革命期间,曾协助柏文蔚从事讨袁活动,事败后前往日本协助章士钊办《甲寅》杂志。他还力图把中国春秋战国时期的诸子特别是墨子的学说发扬光大,所以在《青年杂志》第1卷第2号上发表了《述墨》一文,主张将"尚同"、"非攻"、"兼爱"的墨家学说与"自由"、"平等"、"博爱"的西方资产阶级民主革命思想融会贯通,产生了较大影响。同时也因为倾心于传统文化,不能适应《新青年》后期的全盘西化,因而也逐步退出了作者群。他于1916年创作了《帝王春秋》,在书中列举了几千年君主专制的12项丑陋恶习,如人祭、奢靡、严刑等,从历史的角度出发,鞭挞了封建皇权,被章太炎称誉为"神采有异"[①],孙中山曾为该书题写书名并广泛推介。

　　高一涵(1885~1968),安徽六安人。1909年就读于安徽高等学堂(即前文提到的求是学堂),在学堂,他不仅受到了革

---

① 易白沙:《帝王春秋》,长沙:岳麓书社,1984年,第1页。

命思想的熏陶,而且开始大量接触西方语言和西方文化。1911年,他自费留学日本明治大学攻读政法专业,先后参与了《苏报》《民立报》《独立周报》等报刊的编辑工作。1914 年 5 月,他应邀协助章士钊在东京创办《甲寅》杂志,并因此与陈独秀相识。在《新青年》杂志的作者阵营中,除陈独秀外,发表文章最多、影响最大的当属高一涵。他在新文化运动初期发表了大量的时评和政论性文章,成为当时中国学术界和思想界非常重要的学者,是陈独秀新文化理念的忠实追随者。

高语罕就是前文提到的《白话书信》的作者,安徽寿县人,他出身于国学世家,清末时曾是"维新会"的成员,1911 年辛亥革命后,任安徽青年军秘书长,由此与陈独秀结识,后来经陈独秀介绍加入中国共产党,在政治见解上与陈独秀最相似。

潘赞化[①](1885~1959),安徽桐城人。其祖父潘黎阁,曾为清廷北洋大臣李鸿章幕僚,1901 年,他与陈独秀、柏文蔚、堂兄潘晋华等人在安庆北门的藏书楼创建了"青年励志社",从事反清的政治宣传活动;1908 年,他到日本早稻田大学学习兽医,曾专门去蒙古大草原实习,学得一手好马术。但他被后人更多地记起,则是因为他与"风尘女画家"张玉良的结合,1916 年二人成婚时,陈独秀既是他俩的证婚人也是婚礼上唯一的嘉宾。

刘叔雅(文典)(1890~1958),安徽合肥人。1906 年入读安徽公学,受陈独秀、刘师培的影响,积极参加反清活动,1907 年加入同盟会。1909 年东渡日本,就读于早稻田大学,期间随章太炎学习《说文》,并由此实现了学术转向。1912 年回国后与于右任、邵力子等在上海办《民立报》,任编辑和翻译,曾担任《新青年》的英文编辑。

而《新青年》中专门从事文学翻译工作的陈嘏,原名陈遐年,则是陈独秀兄长陈孟吉的长子。很显然,"《青年杂志》的初办是以陈独秀为首的皖籍知识分子为主的同仁杂志,且互相间有共事革命的背景"[②]。他们都与陈独秀私交深厚。随着《新青

---

① 《青年杂志》第 1 卷中署名为潘赞,发表《兴登堡元帅(德国军神)》(1 卷 4 号)、《霞飞将军》(1 卷 5 号)。

② 陈万雄:《五四新文化的源流》,北京:三联书店,1997 年,第 6 页。

年》的创刊,在陈独秀周围迅速结集了一支以皖籍进步青年知识分子为主的作者队伍。虽然此时刊物尚未产生全国性影响,发行量亦十分有限,但知识界明敏的人士还是从其大胆直白的文字以及具有思辨性的文章中,觉察到它较为明确的文化指向。

当然,第1卷《青年杂志》的作者以皖籍知识分子为主,绝非陈独秀要构建思想界的"皖系",而是因为中国当时的政局动荡不定,交通及交流不畅,通讯等条件也不发达,以及此时陈独秀的交往范围和这本杂志的影响力都还很有限,所以难以吸引和囊括天下英才。从第2卷更名为《新青年》开始,作者群开始突破地域限制,逐步扩大,如河北的李大钊,湖南的杨昌济,广西的马君武,四川的吴虞,浙江的钱玄同、蔡元培、周作人、周树人、沈尹默等纷纷加入。

不过,第2卷新增加的作者中仍有不少皖籍作者,比如胡适(绩溪人)、光升(桐城人)、李张纪南(其丈夫李寅恭是合肥人)、程宗泗(休宁人)以及以通信形式出现的程演生(怀宁人)等。而那些非皖籍撰稿者们,无一不是与陈独秀关系熟稔或是有过交往的,因此,《新青年》"圈子杂志"的色彩依然十分浓厚,比如苏曼殊"生平第一个得力的朋友是陈仲甫"①;杨昌济是中国提倡宪政民主的先驱人物,他与陈独秀、李大钊、高一涵和李剑农,都曾是《甲寅》杂志的主编章士钊的追随者。显然,《新青年》仍是以陈独秀为主的同人杂志。以《新青年》为交汇点,皖籍知识分子们得以在省外再一次聚合,他们由于乡情地域联合在一起,与陈独秀共同支撑起《新青年》杂志,这一群体不仅是新文化运动的参与者和开创者,而且是新文化运动的大力宣传者和深入实践者。

其中,"胡适的出现在陈独秀的生命史上有着十分重大的意义,在《新青年》的生命史上也同样有着十分重大的意义"②。1915年10月6日,陈独秀的同乡好友、出版界的汪孟邹写信给

---

① 柳亚子:《苏曼殊及其友人》,柳亚子编:《曼殊全集》(第5册),上海:北新书局,1928年,第76页。

② 胡明:《正误交织陈独秀》,北京:人民出版社,2004年,第108页。

在美国留学的胡适,向其介绍并推介《青年杂志》,"今日邮呈群益出版青年杂志一册,乃炼(指汪自己——引者)友人皖城陈独秀君主撰,与秋桐(章士钊——笔者注)亦是深交,曾为文载于甲寅者也;拟请吾兄于校课之暇担任青年撰述,或论文,或小说戏曲,均所欢迎。每期多固更佳,至少亦有一种。炼亦知兄校课甚忙,但陈君之意甚诚,务希拨冗为之所感幸"①。因为汪孟邹的邀约,1917年1月1日,胡适的《文学改良刍议》刊发于《新青年》第2卷第5号上。胡适从"一时代有一时代之文学"的"文学进化论"的角度出发,指出文言文已经失去存在的根基,主张废除文言文,提倡白话文,并提出了著名的"八事":"须言之有物";"不模仿古人";"须讲求文法";"不作无病之呻吟";"务去滥调套语";"不用典";"不讲对仗";"不避俗字俗语"②。这篇文章的发表不仅标志胡适正式加盟《新青年》杂志的阵营,还发出新文化运动向传统文化及古文发难的信号,吹响了中国建设新文学及推广新文化运动的号角。在紧接着的第2卷第6号上,陈独秀发表了《文学革命论》。文章将"革命"与进步强盛相等同,强调"今日庄严灿烂之欧洲"是"革命之赐",并推断出"中国伦理道德革命的先声"是要革故鼎新,要革"孔教"的命,提出了"文学革命军"的三大主义,"曰:推倒雕琢的阿谀的贵族文学,建设平易的抒情的国民文学;曰,推倒陈腐的铺张的古典文学,建设新鲜的立诚的写实文学;曰,推倒迂晦的艰涩的山林文学,建设明了的通俗的社会文学"③。如果说胡适的文章还较为温和地停留在文学探讨的层面,是以"改良"为手段,他的"八事"为新文化运动的文学革命找到了突破口,那么陈独秀则沿袭自己一贯的风格,明确提出文学革命的主张,把以"孔子"为代表的儒家学说列为打倒的对象,倡导建设新文学。刊发在《新青年》上的陈独秀、胡适二人的文章,对全国学术界造成巨大的冲击。1917年前"北大同学知道这刊物(《新青年》)的很

---

① 唐宝林、林茂生:《陈独秀年谱》,上海:上海人民出版社,1988年,第69页。
② 胡适:《文学改良刍议》,《新青年》,1917年1月1日。
③ 陈独秀:《文学革命论》,《新青年》,1917年2月1日。

少,直到《文学改良刍议》和《文学革命论》的发表,才引起同学们广泛的注意"①。一时间《新青年》杂志蜚声文坛,发行量由以往的 1000 份骤然升至了一万五六千份。陈独秀与胡适因而名震一时,成为一代新青年尊崇的精神偶像,但他们也成了守旧人士的众矢之的。陈独秀和胡适高举新文化运动的大旗,形成了以他们为首的《新青年》知识分子群体,而随后"特别是鲁迅、周作人兄弟对新文学园地的刻意建设与经营,钱玄同、刘半农对旧文化体制的大肆破坏与折毁,新文化运动的第一排浪头很快冲决了千年闭锁的长堤,滔滔汩汩,奔腾向前,翻开了《新青年》新的一页的同时也谱写了现代中国思想文化"②。

《新青年》从第 1 卷到第 3 卷都由陈独秀一人编辑,陈独秀"是这样的具有烈火般的熊熊的热诚,在做着打先锋的事业。他是不动摇,不退缩,也不容别人的动摇与退缩的"③。从第 4 卷第 1 号起,《新青年》发文声明不再吸纳社外文字,而改由社内同人供稿,这样,《新青年》就不必付主编费用及作者稿酬,也不用考虑刊物的销路及利润,更不必"讨好"读者或当局。换言之,这是一片毫无销售压力、无须顾虑成本的自由天地,对其审评的唯一标准就是文学或文化的指向。"依据新青年核心社员的三个条件,可以确定的核心社员有陈独秀、胡适、钱玄同、刘半农、李大钊、高一涵、周作人、鲁迅等八人。普通社员有吴虞、杨昌济、刘文典、沈尹默、吴敬恒、傅斯年、罗家伦、易白沙、陶孟和、张慰慈、王星拱等人"④。从第 6 卷开始,《新青年》实行轮流主编制,该卷各期的主编依次是陈独秀、钱玄同、高一涵、胡适、李大钊和沈尹默。作者群的扩大和主编的轮换,标志《新青年》已经完成成员群体的聚集,《新青年》不再是陈独秀的个人园地。如果说前几期杂志是陈独秀的个人趣味、地域情结和人际

---

① 张国焘:《我的回忆》,现代史料编刊社,1980 年,第 39 页。
② 胡明:《〈新青年〉与新时代》,《文艺争鸣》,2006 年第 3 期。
③ 郑振铎:《五四以来文学上的论争》,《中国新文学大系导论集》,上海:良友图书公司,1940 年,第 56~57 页。
④ 庄森:《飞扬跋扈为谁雄——作为文学社团的新青年研究》,上海:东方出版中心,2006 年,第 109 页。

关系的结果,那么稍后的这些编辑者和撰稿人,则是被杂志中所展现的陈独秀的思想及文化风格所吸引,从而更主动和自觉地投身到陈独秀树立起来的科学与民主的新文化运动旗帜之下的。《新青年》不断扩大的作者群将这份杂志由当初的地域同人性质变成以思想理念的联系为纽带、由全国性人员组成的文学社团性质。

## 二、共同的思想理念

"晚清以降,不乏具有如此高尚情怀的读书人,只是同人之间,难得有持之以恒的精诚合作。《新青年》的成功,很大程度得益于大批第一流知识者的积极参与。在吸纳人才方面,主编陈独秀有其独得之秘。前期的利用《甲寅》旧友,后期的依赖北大同事,都是显而易见的高招。以至日后谈论《新青年》,单是罗列作者名单,便足以让人心头一震"[①]。对于《新青年》的皖籍作者群来说,地域之便与故土情结固然是使他们聚集于此的首要因素,但是共同的思想基点才是他们合作和联络的情感纽带和内在动因。这群知识分子大都有着相似的求学经历,既在幼时诵读过"四书"、"五经",受过传统的私塾教育,有着较坚实的国学基础;又有过留学海外的经历,与西方文化、生活有过直接接触,受到的思想冲击和文化洗礼也更为直接;青少年时期,他们在新学堂中接受过教育,这类学堂的显著特色是"不中不西,既中既西",所设课程既有格致、理财、体操等新学,又保存了经学、词章、修身等旧学,"正是这种既非书院、又非学校,却又似书院、又似学校的洋学堂生活,使胡适这一代知识分子终其一生刻下了某种过渡时期的印记"[②]。

(一)注重对国民个体意识的启蒙

"康梁那个时代讲的新国民,着眼点还是'群',陈独秀、鲁迅、胡适却破除'国家偶像',着眼点是'己'"[③]。除关注和投身

---

[①] 陈平原:《思想史视野中的文学:〈新青年〉研究》(上),《中国现代文学研究丛刊》,2002年第3期。

[②] 许纪霖:《大时代中的知识人》,北京:中华书局,2007年,第19页。

[③] 刘再复:《共鉴"五四"》,福州:福建教育出版社,2010年,第2页。

救亡图存的爱国运动外,以追求个体自由和个性解放为核心对国民进行思想启蒙,是新文化运动倡导者们的主要目标,也是《新青年》皖籍作者群的一致主张,他们深信,"一个新社会,新国家,总是一些爱自由爱真理的人造成的,决不是一班奴才造成的"①。陈独秀在创刊号《敬告青年》一文中,已经明确提出这一思想主张,他认为作为新生代的青年知识分子,首先要做到"自主的而非奴隶的","盖自认为独立自主之人格以上",强调"一切操行,一切权利,一切信仰,唯有听命各自固有之智能,断无盲从隶属他人之理"②。

皖籍作者群这种重视与强调国民个体意识觉醒的思想脉络,首先表现在如何处理个人与国家关系这一问题之上。

中国的传统伦理教化思想是要求"舍小家保大家","自古忠孝不能两全",当父子与君臣出现冲突时,皆要以国家(朝廷)为本位,以民族大义为行动标准。但《新青年》的皖籍作者们,认为这种要通过牺牲个人生命与自由才能"去求国家自由"的说法是君臣伦理规范的产物,是错误的思想观念。"争你们个人的自由,便是为国家争自由!争你们自己的人格,便是为国家争人格!自由平等的国家不是一群奴才建造得起来得"③。皖籍作者们一致认为,这种以"忠君爱国"名义出现的思想钳制与道德绑架,恰恰是几千年来中国人难以走出的精神迷宫和终身背负的心灵十字架,也是辛亥革命未能取得彻底胜利的铁证,"共和政治不是推翻皇帝便算了事,国体改革,一切学术思想亦必同时改革","中国革命是以种族思想争来的,不是以共和思想争来的。所以皇帝虽退位,而人人脑中的皇帝尚未退位"④。一方面,这种狭隘单一的民族主义情结导致了中国社会的故步自封,使得中国沉浸在"大国"的幻象之中,未能放眼世

---

① 胡适:《个人自由与社会进步》,刘军宁主编:《北大传统与近代中国:自由主义的先声》,北京:中国人事出版社,1998年,第582页。
② 陈独秀:《敬告青年》,《青年杂志》,1915年9月15日。
③ 胡适:《介绍我自己的思想》,《胡适文集》(第5册),北京:北京大学出版社,1998年,第511~512页。
④ 高一涵:《非"君师主义"》,《新青年》,1918年12月15日。

界,以至出现近代时期的种种受辱状况;另一方面,由此情结带来的愚忠思想更是禁锢了知识分子的言行。正由于此,《新青年》的皖籍作者群才将个人的理性独立提升到前所未有的高度。在"1918年,陈独秀在《偶像破坏论》中就把'国家'视为应当加以推倒破坏的虚伪的'有害的偶像'……郁达夫更是把国家视为文学艺术之敌,他在《艺术与国家》一文中,认为'现代的国家与艺术势不两立'"①。

基于以上共识,皖籍作者们开始努力撰文以推行个性自由和自我的理性独立,他们重视个人的独立思考,并撰文对个体发展的重要性和必然性进行讨论。在《青年杂志》第1卷第4号上,高一涵就提出国人应厘清个人与国家的关系,"国家为人而设,非人为国家而生"②。在第1卷第5号上,高语罕则强调"盖民为国之根本,而青年又民之中坚也。欲国之强,强吾民其可也。欲民之强,强吾青年其可也"③。潘赞化通过讲述名将的故事,来唤醒国人对于英雄的崇拜,"开有史以来未有之战局,而疆场之上,必有有史以来未有之人物"④,他以此呼唤青年人要发展自己的个性而非遵从三纲五常循规蹈矩地生活;每个人都要有建功立业、张扬个性的雄心与抱负。

对国民个体的这种启蒙,其次表现在针对旧礼教和旧规范的道德伦理革命上。1932年傅斯年在论及陈独秀时曾说:"独秀当年最受人攻击者是他的伦理改革论,在南在北都受了无数的攻击,诽谤及诬蔑。我觉得独秀对中国革命最大的贡献正在这里,因为新的政治决不能建设在旧的伦理之上,支持封建时代社会组织之道德决不适用于民权时代,爱宗亲过于爱国者决不是现代的国民;而复辟与拜孔,家族主义与专制政治之相为因果,是不能否认的事实。独秀看出徒然的政治革命必是虎头蛇尾的,所以才有这样探本的主张。"⑤在这群皖籍知识分子们

---

① 刘再复:《共鉴"五四"》,福州:福建教育出版社,2010年,第110页。
② 高一涵:《国家非人生之归宿论》,《青年杂志》,1915年12月15日。
③ 高语罕:《青年与国家之前途》,《青年杂志》,1916年1月15日。
④ 潘赞:《霞飞将军(法国名将)》,《青年杂志》,1916年1月15日。
⑤ 傅斯年:《陈独秀案》,《独立评论》,1932年第10期。

看来,中国的旧传统对个人思想的禁锢与钳制太过深重,新文化不可能建立在旧伦理之上,只有打破过去固有的生活模式及思想规范,新思潮才有生存空间,只有在"伦理的觉悟"之后,新型知识分子才能赢得话语权,从而起到启迪民智、救亡图存之作用。所以他们的文章基本都是围绕新道德的建立和人性觉醒这一中心,如陈独秀的《吾人最后之觉悟》、《复辟与尊孔》、《孔子之道与现代生活》,高一涵的《自治与自由》,易白沙的《我》,胡适的《易卜生主义》、《不朽》等。在他们看来,《新青年》的文化主张"重在一意创造新文学",而"旧文学、旧政治、旧伦理本是一家眷属,固不得去此而取彼"①。他们以《新青年》为言论阵地,以进化论和个性解放为文章主题,力图建设新伦理体系,为新文化、新思潮赢得生存空间。为了塑造具有独立思考精神的新国民,他们把攻击的矛头指向封建主义的正统思想——孔学,"孔教问题,方喧呶于国中,此伦理道德革命之先声也"②,"孔教问题不独关系宪法,且为吾人实际生活及伦理思想之根本问题也","伦理问题不解决,则政治学术皆枝叶问题。纵一时舍旧谋新而根本思想未尝变更,不旋踵而仍复旧观者,此必然之事也"③。无论是陈独秀的《敬告青年》、《谈政治》、《文化运动与社会运动》,还是高语罕的《青年与国家之前途》、《青年之敌》,高一涵的《共和国家与青年之自觉》,都体现了这些皖籍作者们以新伦理立世的文化心态。他们吸取辛亥革命等教训,从浅层的政治宣传转向深层的思想革命,认为只有让诞生于新伦理体系之上的民主思维在国民心里生根,才有可能确立起真正的民主共和制度,所以他们呼唤建立国民的现代独立人格,鼓励民众要敢于怀疑一切,不盲从、不迷信传统和权威,"打倒一切偶像"。这种思想倾向和对于社会、青年的关注,也得到越来越多知识分子的认同,共同的思想追求和文化理念使得他们集聚《新青年》周围,并以其为言论阵地,发起一场影响深远的文化启蒙运动。

---

① 陈独秀、胡适:《复易宗夔》,《新青年》,1918 年 10 月 15 日。
② 陈独秀:《文学革命论》,《新青年》,1917 年 2 月 1 日。
③ 陈独秀:《宪法与孔教》,《新青年》,1916 年 11 月 1 日。

## (二)批判旧思想

《新青年》的皖籍作者群能够在新文化运动中携手合作,还在于他们都力求突破19世纪末以后影响和主导中国文化思想界的"中体西用"的思维模式。以陈独秀为首的激进派并不认同这一中庸保守的思维模式,他认为"我们中国多数国民,口里虽然是不反对共和,脑子里实在装满了帝制时代的旧思想",在这样的情形下,"若是一面要行共和政治,一面又要保存君主时代的旧思想,那是万万不成"①。皖籍作者群有这样的思想共识,当然不是巧合,而是前期文化储备和社会时局合力的必然结果。正因为他们有着共同的学术渊源和文化背景,才会有对文学革命命题同一深度和向度的探求。陈独秀创办《新青年》就是为了通过批判旧思想来完成新思想的启蒙,"人民程度与政治之进化,乃互为因果,未可徒责一方也。多数人民程度去共和过远,则共和政体固万无成立之理由"②。对中国封建文化和旧礼教思想的批判,是《新青年》的皖籍作者们长期关注的话题,也是他们开展救国行动的首要前提。与以往对传统文化频频回顾的改良派不同,他们开始对中国传统文化的价值评判标准和观念体系予以"价值重估","重新估定一切价值,便是评判的态度的最好的解释"③。他们摆脱儒家伦理旧道德的思维束缚,推动了中国现代史上的思想解放运动,开启了启蒙运动的进程,"《新青年》适应了时代的要求,指引着这个时代前进的步伐,它培育了整整的一代青年"④。

"中国最重三纲,而西人首明平等;中国亲亲,而西人尚贤;中国以孝治天下,而西人以公治天下;中国尊王,而西人隆民"⑤。胡适在介绍易卜生的剧本《国民公敌》时就指出,这部社会问题剧的主旨即个体独立的思想,为了捍卫个人的尊严,可

---

① 陈独秀:《旧思想与国体问题》,《新青年》,1917年5月1日。
② 陈独秀:《通信·答常乃德》,《新青年》,1917年4月1日。
③ 胡适:《新思潮的意义》,《新青年》,1919年12月1日。
④ 任建树:《陈独秀大传》,北京:人民出版社,1999年,第113页。
⑤ 严复:《论世变之亟》,《严复集》(第1册),北京:中华书局,1986年,第3页。

以不惜成为国民公敌①。他信奉进化论与怀疑主义,鼓励年轻人大胆质疑,小心求证,摆脱旧思想的禁锢,解放思想,吸取知识。而"在反对以儒学为核心内容的传统文化方面,易白沙的作用亦十分突出。1916年他在《新青年》上发表了《孔子评议》一文,是《新青年》所刊出的第一篇公开点名批评孔子及其学说的文章"②。

陈独秀"在近五十年思想史的贡献,不在西洋新思想的介绍,而在笼罩中国两千年思想之破坏"③。在他的创刊理念下,《新青年》着眼于对旧体系中的思想文化进行批评与重建,努力创造出一个与新文化运动相适应的精神文化空间。"欲与青年诸君商榷将来所以修身治国之道","本志以平易之文说高尚之理,凡学术事情足以发扬青年志趣者,竭力阐述,冀青年诸君于研习科学之余得精神上之援助"④。以陈独秀为代表的新文化运动的皖籍领导者和参与者不仅看到国内存在着可接纳新思想的新兴群体,而且在开展新文化运动后还有意识地对这一群体加以引导。陈独秀在创刊时就提出要面对青年而不是其他人群,一方面在于他深受进化论思潮的影响,认为"青年胜于老年","未来胜于过去",另一方面也表明《新青年》作者群写作的目的正是致力于为中国培养一代新公民。

在陈独秀的主持和安徽作者群的共同努力下,《新青年》视野开阔,如关于旧伦理及教化思想批判的讨论课题涉及对于孔子地位的评议、当前的欧战风云、女子贞操问题、罗素哲学等一系列问题。可以说,当时年轻人所关注的新知识、新问题,《新青年》同人在文本中几乎都给予了解答。"《新青年》在介绍新思想时,自然而然对旧信仰和旧传统展开激烈的攻击"⑤,胡适

---

① 参见刘再复:《共鉴"五四"》,福州:福建教育出版社,2010年,第19页。
② 杨天宏:《基督教与民国知识分子》,北京:人民出版社,2005年,第50页。
③ 郭湛波:《近五十年中国思想史》,北平:人文书店,1936年,第102页。
④ 《社告》,《青年杂志》,1915年9月15日。
⑤ 蒋梦麟:《西潮·新潮》,长沙:岳麓书社,2000年,第114页。

就发表了《贞操问题》、《论贞操问题》等文章。在《贞操问题》一文中胡适列举了大量事例,表达了对共和体制下仍然褒扬烈女贞女这些条例的不满,认为所谓的"贞操"是"全无心肝的话","以近世人道主义的眼光看来,褒扬烈女杀身殉夫,都是野蛮残忍的法律,这种法律,在今日没有存在的地位"①。自第2卷第6号开始,《新青年》设置了"女子问题"专栏,首篇即刊发了女作家李张绍南的《哀青年》;而陈独秀在1918年《新青年》的第4卷第4号上开设的"随感录"专栏,更是吸引了除皖籍作者群外的广大知识分子的目光,鲁迅、李大钊、周作人、陈望道等深怀进化论思想和启蒙主义文学观的作家开始积极参与对于旧思想的批判,《新青年》成为他们批判社会、点评时政最为理想的场所。"这些激烈的言论固然招致一般读者的强烈反感,但是在全国青年却已普遍沾染知识革命的情绪"②。虽然随后爆发的五四运动因其救亡图存的目的,带有排外的民族情绪,但以皖籍知识分子为首的《新青年》同人并没有在爱国激情的裹挟下,放弃对旧思想的批判,他们仍然坚守一贯的独立立场,对新文化建设采取全然西化的路径。

"所谓新文化,乃是与中国故有文化相区别的带有异质的文化,即以西方理念为参照系的文化"③。因此,《新青年》在向一切旧思想、旧道德、旧文化发起全面冲击的同时,也大力建设新思想:科学与民主。"近代欧洲之所以优越他族者,科学之兴,其功不在人权下,若舟车之有两轮焉。国人而欲脱蒙昧时代,羞为浅化之民也,即急起直追,当以科学与民权并重"④。宣扬科学理性,就不免和中国民间的"神鬼说"、"命定说"发生冲突,而此时"处于文化转型期和信仰失落期的中国,总免不了成为装神弄鬼者的舞台。辛亥革命失败后的复古思潮又助长了

---

① 胡适:《贞操问题》,《新青年》,1918年7月15日;谷银波、郑师渠:《北洋政府与新文化运动》,《中州学刊》,2006年第3期。
② 郭湛波:《近五十年中国思想史》,北平:人文书店,1936年,第102页。
③ 刘再复:《共鉴"五四"》,福州:福建教育出版社,2010年,第72页。
④ 陈独秀:《敬告青年》,《青年杂志》,1915年9月15日。

这一风气。就连文化界也成立了'灵学会',传播种种鬼话,认定'鬼神之说不张,国家之命遂促',要借神仙鬼怪之力以拯救众生"①。在这种情形下,1915年11月15日的《青年杂志》第1卷第3号上刊登了一篇题为《近世思想中之科学精神》的译文,文章的原作者是英国著名的生物学家赫胥黎。托马斯·赫胥黎(Thomas Huxley,1825～1895),是达尔文进化论最杰出的代表。前文提到的中国近代启蒙思想家、翻译家严复在1897年译述了赫胥黎的部分著作,名曰《天演论》,以"物竞天择,适者生存"的观点来号召人们参与救亡图存,"与天争胜",在当时的中国思想界产生了很大影响,而《青年杂志》上刊登的这篇文章的侧重点则是介绍当前自然科学的新进展。这篇介绍西方新思想及西方科学最新成果的文章,正契合了《新青年》高举科学大旗、向旧思想宣战的办刊理念,也是对于中国长期以来重文轻理、重理论轻实践学术套路的纠正,所以陈独秀才对它非常重视,特意安排15个版面,重磅推出,文章的译作者是安徽人刘文典。《近世思想中之科学精神》采用中英文对照的形式刊出,保留了英文原著,译者对于原文中比较难的字句,还特意夹注了一些解释,告知读者翻译的缘由以及选定译稿的理由。这种方式不仅为读者介绍了这篇论文的内容,还为青年学子学习英文提供了非常好的模板,可谓是一举两得。而自翻译这篇《近世思想中之科学精神》开始,刘文典也随即加入新文化运动的行列,成为《新青年》重点推荐的作家之一。从第1卷第3号到第1卷第6号,期期都有刘文典的译文或创作,它们都体现着刘文典与其他参与者一致的写作理念和思想追求——反对旧文化、旧思想,推崇科学,倡导自由民主。

(三)提倡白话文

在新文化运动中,《新青年》还提出了"提倡白话文、反对文言文;提倡新文学、反对旧文学"的口号,并开展了一场扎扎实实、从文字到文体的"文学革命"。《新青年》所倡导的文学革命,就其日后的文学实践而言,包含内容和形式两个方

---

① 刘大椿、吴向红:《新学苦旅——中国科学文化兴起的历程》,桂林:广西师范大学出版社,2003年,第248页。

面的改革,文学内容的变革正是前文所提到的重建国民性、反对旧道德旧伦理的思想革命在文本主题和内容上的反映,而文学形式的改革则是文字与文体上的反对文言文,提倡白话文。较之前者,后者的变革更为直观,所引起的社会反响也更为激烈。事实上,白话文写作由来已久,比如前文提到的《安徽俗话报》正是在当时中国白话办报的热潮中应运而生。但是,将推广白话文变成一种具有广泛社会影响的思想文化层面的运动,却是以《新青年》为开端的,这也顺应了当时社会转型的需求。"中国近来产业发达,人口集中,白话文完全是应这个需要而发生而存在的。适之等若在三十年前提倡白话文,只需章行严一篇文章便驳得烟消灰灭"①。由胡适倡导的这场白话文运动将殿堂级别的士大夫式的中国文学,变成广大普通民众表达思想、宣传主张的语言工具,"文言譬如古玩店,浅说譬如卖米店。一国之中,可以人人不买古玩,不可以一人不买米……大抵今日变法,以开民智为先。开民智莫如改革文言。不改革文言,则四万九千九百万之人居于黑暗世界中,是谓陆沉。若改文言则四万九千九百万之人,曰嬉游于琉璃世界中,是谓不夜"。早在1899年,陈荣衮就在《论报率宜改用浅说》中提出文言亡国的说法。白话文获得推广后,新思想和新观念便能够通过报章杂志,直接传递给广大读者,受众层面较以往有了扩大。不仅如此,由于读者群的扩大,为了吸引不同阶层读者的眼光,所刊登的报道、文章也日益多样化。而从教育普及的角度看,倘若没有这场白话文运动,政府就不可能在1920年下令小学课本全部采用白话文,白话文日后也不可能成为中国官方认可的正式语言体系,这在中国教育和文化传播史上都产生了重要影响。胡适在40年后谈到新文化运动之所以能获得认可并取得一定成效时,也特意点明了白话文运动的作用:"我们当初所以能够成功,所以能够引起大家注意,就是我们那时认清楚了,这个文学的革命最重要的是文体的解放,把死的

---

① 陈独秀:《答适之》,《胡适文存》,上海:亚东图书馆,1924年,第153页。

文字放弃了,采用活的文字,这个文体的革命是文学革命最重要最重要的一点……"①

"在近代中国以白话文做大众传播工具的不始于胡适。在他之前已有陈独秀的《安徽俗话报》和吴稚晖等所编的《新世纪》。但是正式把白话文当成一种新的文体来提倡,以之代替文言而终于造成一个举国和之的运动,从而为今后千百年的中国文学创出一个以白话文为主体的新时代,那就不能不归功于胡适了"②。胡适的可贵之处在于他不仅大力宣传白话文运动的理论,而且亲自进行白话文创作。早在1916年9月1日发行的《新青年》第2卷第1号上,就已经刊登了胡适的白话译文《决斗》,这也是《新青年》上发表的第一篇白话文作品;1917年1月1日的《新青年》上刊载了胡适的《文学改良刍议》一文,胡适提出了"文学改良"的口号,正式将白话文作为中国文学的"正宗";在随后的《新青年》第2卷第6号中又登出胡适的8首白话诗。为了响应胡适的文学改良主张,《新青年》从1918年1月15日第4卷第1号开始,正式改用白话文,并采用新式的标点符号,"使白话的传播遍于全国",在1919年后"真有'一日千里'之势"③。

在这场白话文运动中,《新青年》的安徽作者群从理论建设到实践创作,都积极予以响应,他们和同乡陈独秀、胡适一起并肩作战,同时联合钱玄同、刘半农、蔡元培、沈尹默、吴虞、周作人、周树人、李大钊等,加之傅斯年、罗家伦、俞平伯、沈雁冰等一批年轻学子的加入,大量现在看来不免粗糙和急躁的白话诗文一时间充斥《新青年》的每一期版面。"《新青年》的文学成就,不仅体现在白话诗歌的成功尝试,以及鲁迅小说的炉火纯青;更值得关注的,还在于《新青年》同人基于思想革命的需要,在社会与个人、责任与趣味、政治与文学之间,保持良好的对话

---

① 孙培青:《中国教育史》,上海:华东师范大学出版社,1992年,第27页。
② 唐德刚:《胡适杂忆》,桂林:广西师范大学出版社,2005年,第56页。
③ 胡适:《五十年来中国之文学》,《胡适文存》(卷2),上海:亚东图书馆,1924年,第207页。

状态,并因此催生出新的文章体式:'通信'和'随感'"①。"正是这种基于道义的共同参与意识,使得作为同人刊物的《新青年》,显示出很强的整体感。专号的经营,同题白话诗的出现,某些社会话题的不断重复,同一意象或题材在不同文体中的变奏等等,抚摩这半个多世纪前的旧杂志,你依旧能十分清晰地感觉到流淌在其中的激情与活力。不是注重人际关系的酬唱,而是一种强烈的社会责任感,认准那是一件值得投身的事业,因此愿意共同参与"②。

胡适"所提倡的白话文,对于普及文化的功劳很大,这是思想工具的革命,用白话文代替文言写作,使全国易于运用,只要稍稍训练一下,就可用文字发表自己的思想了"③。虽然,从艺术审美角度来看,《新青年》上刊登的白话诗文前期少有佳作,有不少甚至可以称为意气用事的应景之作,但其所透露的文体改革的信息,却是新文化运动得以持续和深入的根本。它拉近了知识分子与民众的距离,使得这场文学革命不再是知识分子的智力游戏,而是具有社会鼓动性的活动,知识就此成了社会宣传与民众启蒙的最好工具。

## 第二节 北京大学的皖籍学者群

"新文化运动由《新青年》一个刊物、北京大学一所大学和几个教授领导一场文化革新运动,并迅速推及全国,影响整个民族的历史进程,这是五四新文化运动的独特之处,在世界近现代思想史上亦是鲜见的例证"④。"'五四'不是一件孤立的事。'五四'之前,有蔡元培校长领导之下的北京大学教授与学

---

① 陈平原:《思想史视野中的文学:〈新青年〉研究》(下),《中国现代文学研究丛刊》,2003年第1期。
② 陈平原:《思想史视野中的文学:〈新青年〉研究》(下),《中国现代文学研究丛刊》,2003年第1期。
③ 蒋梦麟:《西潮·新潮》,长沙:岳麓书社,2000年,第337页。
④ 欧阳哲生:《新文化传统——五四人物与思想研究》,广州:广东人民出版社,2004年,第106页。

生出版的《新青年》、《新潮》、《每周评论》,所提倡的文学革命,思想自由、政治民主的运动。'五四'之后,有全国知识青年热烈参与的新文艺运动,和各种新的政治运动"①。

北京大学创建于 1898 年的戊戌变法之际,前清称"京师大学堂",是中国近现代史上赫赫有名的一所大学,学校设有文、法、理、工、商五科和预科。"就学术而言,北大并不是世界大学中最好的,但就一所大学对国家历史进程的影响而言,北大是世界大学中罕见的"②。事实上,蔡元培到任前的北京大学名声并不太好,甚至可用"声名狼藉"来形容。当时大学里的在校学生多为王公贵族的子弟,"那时学生们的官阶常比教官高,上体操时的口令有趣得很,教官得恭恭敬敬地叫'大人向左转!'或'老爷开步走!'"③"学校像个衙门,没有多少学术气氛","那时的北大有一种坏现象:一些有钱的教师和学生,吃过晚饭后就坐洋车奔'八大胡同'(和平门外韩家潭一带)。所以妓院中称'两院一堂'是最好的主顾('两院'指参议院、众议院,'一堂'指京师大学堂)。这种坏现象是从清末保留下来的。那时在学生中还流行一种坏风气,就是'结十兄弟'。何谓'结十兄弟'?就是十个气味相投的学生结拜作兄弟,毕业后大家钻营作官,谁的官大,其他九人就到他手下当科长、当秘书,捞个一官半职,'有福同享'。这个官如果是向军阀或大官僚花钱买来的,那么钻营费由 10 人分摊。这样的学校哪能出人才?只能培养出一批贪官污吏"④。

1916 年底,蔡元培任北京大学校长,"锐意图新"⑤。他刚就任就明确了北大的办学方针是"循思想自由原则,取兼容并

---

① 罗尔纲:《师门五年记·胡适琐记》(增补本),北京:三联书店,2006 年,第 178 页。
② 杨选:《"五四"精神与当今北大》,《中国教育报》,1999 年 4 月 23 日。
③ 张孟体:《北京大学素描》,牧洲、牧小编:《北大故事:名人眼中的老北大》,北京:中国物价出版社,1998 年,第 14 页。
④ 顾颉刚:《蔡元培先生与五四运动》,《五四运动亲历记》,北京:中国文史出版社,1999 年,第 277~278 页。
⑤ 张孟体:《北京大学素描》,牧洲、牧小编:《北大故事:名人眼中的老北大》,北京:中国物价出版社,1998 年,第 279 页。

包主义"①,始终高扬"学术至上"的旗帜,"大学者,研究高深学问者也"②。在蔡元培设立的评价体系中,大学之为大学,是因为它是以"研究"学问为目的,"诸君须知大学,并不是贩卖毕业的机关,也不是灌输固定知识的机关,而是研究学理的机关"③。因此,对于教师的选择,蔡元培看重的是对方的学识及科研潜力,而非官方认可和评定的教学履历,比如为使陈独秀能够出任北京大学文科学长,蔡元培在向教育部申报时,不但替陈独秀编造了"日本东京日本大学毕业"的假学历,还替他编造了"曾任芜湖安徽公学教务长、安徽高等学校校长"的假履历④。蔡元培除聘请陈独秀任文科学长外,还聘请李大钊任北大图书馆主任,胡适为文科教授兼文科研究所哲学主任,刘半农、周作人为文科教授,后又延聘鲁迅来北大执教,再加上原来就在北大文科任教的沈尹默、钱玄同等,一时间北大的新文化运动学者济济一堂,学术空气及革新氛围渐趋浓厚,"蔡先生一度建立的具实的学术天地,已成为一象征的学术世界"⑤。

前文所提到的"《新青年》乃陈独秀独力创办的杂志,第2、3卷的封面甚至标明'陈独秀先生主撰',但《新青年》从来不是个人刊物,始终依赖众多同道的支持"⑥,"到第2卷结束时,日后名扬四海的《新青年》,其作者队伍已基本成型"。"第1卷的作者,多与主编陈独秀有密切的个人交往;第2卷开始突破皖籍为主的局面,但仍以原《甲寅》、《中华新报》的编辑和作者为

---

① 蔡元培:《我在北京大学的经历》,武汉:湖北人民出版社,2003年,第146页。
② 蔡元培:《就任北京大学校长演说词》,刘军宁主编:《北大传统与近代中国:自由主义的先声》,北京:中国人事出版社,1998年,第598页。
③ 蔡元培:《北京大学二十二周年开学仪式之训词》,蔡元培:《我在北京大学的经历》,武汉:湖北人民出版社,2003年,第146页。
④ 参见庄森:《一份特别的履历书——陈独秀出任北大文科学长的前前后后》,《社会科学战线》,2006年第1期;王奇生:《革命与反革命——社会文化视野下的民国政治》,北京:社会科学文献出版社,2010年,第4页。
⑤ 金耀基:《蔡元培先生象征的学术世界》,蔡元培:《我在北京大学的经历》,武汉:湖北人民出版社,2003年,第601页。
⑥ 陈平原:《思想史视野中的文学:〈新青年〉研究》(上),《中国现代文学研究丛刊》,2002年第3期。

骨干。第3卷起,作者队伍迅速扩张,改为以北京大学教员为主体。此中关键,在于陈独秀应聘出任北大文科学长,以及《新青年》编辑部从上海迁到北京。作为同人杂志,《新青年》之所以敢于公开声明'不另购稿',因其背靠当时的最高学府——国立北京大学。第3卷至第7卷的《新青年》,绝大部分稿件出自北大师生之手。至于编务,也不再由陈独秀独力承担。第6卷的《新青年》,甚至成立了由北大教授陈独秀、钱玄同、高一涵、胡适、李大钊、沈尹默6人组成的编委会,实行轮流主编。比起晚清执思想界牛耳的《新民丛报》、《民报》等,《新青年》的特异之处,在于其以北京大学为依托,因而获得丰厚的学术资源"①。陈独秀在北大执教,使得其个人影响力拓展到教学层面,无论是其个人身份改变所带来的交际面的扩大,还是其社会影响力的增加,都在很大程度上使得新文化主张为更多人所知晓,并带动了《新青年》杂志作者群的扩大以及所刊登文章的学理转型。

## 一、皖籍学者群的影响面

随着陈独秀出任北京大学文科学长,旅居省外的皖籍知识分子除《新青年》外,又多了一个聚集地。他们为了实现自身的价值和理想,开始汇集北京,乡土性的人际关系和共同的人生理想把他们紧密联系在一起。"《新青年》遂由一个安徽人主导的地方性刊物,真正转变成为北大教授为主体的'全国性'刊物"②。陈独秀到北大后,不断向蔡元培推荐皖籍人士进北大任教。1917年8月9日,陈独秀曾给蔡元培写信大力推荐胡适,"鄙意或请胡适之君早日赴京,稍为先生服劳。适之英汉文并佳,文科招生势必认真选择,适之到京,即可令彼督理此事。适之颇有事务才,责任心不在浮筠兄之下,公共心颇富,校中事务,先生有不及,彼所能为者,皆可令彼为之"③。胡适进北大

---

① 陈平原:《思想史视野中的文学:〈新青年〉研究》(上),《中国现代文学研究丛刊》,2002年第3期。

② 王奇生:《革命与反革命——社会文化视野下的民国政治》,北京:社会科学文献出版社,2010年,第9页。

③ 《安徽文化史》编纂工作委员会:《安徽文化史》(下),南京:南京大学出版社,2000年,第1959页。

后,"一方面与沈尹默、兼士兄弟、钱玄同、马幼渔、刘半农诸君,以新方法整理国故,一方面整理英文系。因胡适君之介绍而请到的好教员,颇不少"①。在陈独秀与胡适的引荐下,不少有才华的皖籍知识分子得以被世人知悉,而他们新文化思想的影响面也随之扩大。从 1917 年开始,先后在北大任教的安徽人就有:陈独秀、胡适、高一涵、李辛白、程演生、王星拱、刘叔雅等。其中李辛白(1875~1951),安徽无为人,早年曾参加过岳王会,1917 年任北大庶务主任(即总务长),两年半后改任出版部主任,多涉猎杂志及新书出版工作,主要负责出版各种宣传新文化主张的期刊杂志,如《北京大学日刊》、《每周评论》、《北京大学月刊》和《新潮》等。这些杂志对五四运动的爆发产生了重要影响。后他与李大钊一起创办《新生活》周刊,该刊逢星期天出刊,一共出刊 55 期,是五四运动时期广为人知的小型通俗刊物。其刊物的宗旨就是把新文化运动的主张以通俗、百姓易于接受的形式表现出来,使得新文化运动的影响扩大到民间,这是李辛白对新文化运动的一项杰出贡献。

　　陈独秀到北大后,《新青年》的办刊地点也随之从上海迁到北京。陈独秀的双重身份促使《新青年》与北京大学形成了良性互动。在北京大学校园内,围绕《新青年》杂志,出现了一个具有学术视野和理论涵养的新文化阵营,这与陈独秀对个人学术观点的张扬密不可分。"胡适当时承认文学革命还在讨论的时期……故自取集名为'尝试集',这种态度太和平了。若照他的这个态度做去,文学革命至少还须经过十年的讨论与尝试。但陈独秀的勇气恰好补救这个太持重的缺点。……当日若没有陈独秀'必不容反对者有讨论之余地'的精神,文学革命的运动决不能引起那样大的注意"。陈独秀振臂一呼,起初吸引的是与其地缘和人际圈相关的群体,随着他入职北大,学术影响力、社交层以及社会地位都有了显著改变,"如果说陈独秀创办《新青年》杂志所建立的新文化运动的统帅部,在很大程度上表现为思想形态的话,那么,陈独秀出任北京大学文科学长,则是

---

① 蔡元培:《我在北京大学的经历》,《蔡元培全集》(第 6 卷),北京:中华书局,1988 年,第 351 页。

通过组织人事方面的具体工作,进一步扩大了新文化运动的联盟,也就是说,陈独秀在这期间团结起来的北大文科进步师生,毫无疑义地构成了新文化运动的一只主力军和生力军"①。

基于对学术观点和教学理念的一致认同,北京大学校长蔡元培和文科学长陈独秀才会以文化视野和学术实力为标准来选聘教师,如破格录用连中学都没有毕业的刘半农。刘半农早期的文风属于"鸳鸯蝴蝶派",他的《叫我如何不想他》,经编曲演唱后,成为当时有名的流行歌曲。接触《新青年》后,他迅速"弃暗投明",转变文风,写起忧国忧民的文章,成为陈独秀文学革命理论的坚定支持者。1917年夏,没有读过大学、只有高中肄业学历的刘半农被蔡元培破格聘请为北大预科教授,讲授小说课和文法课。刘半农作出的最惊世骇俗的事情,就是和学生商鸿逵一起采访晚年的赛金花,为其写传。这也是他接受新文化思潮中平等自由理论的体现。刘半农去世后,其学生将《赛金花本事》整理出版,一时众说纷纭。此外,刘半农去世后,赛金花前去吊唁追悼也引起社会的强烈关注。

《新青年》杂志从第3卷起,正式成立了由北大教授陈独秀、钱玄同、高一涵、胡适、李大钊、沈尹默组成的编委会,并由他们轮流任主编,标志着《新青年》的办刊中心已经转移到高等学府。这些北大教授均有较高的社会和学术地位,他们彼此推重及联手合作,将《新青年》的影响扩展至全国,尤其是学院派知识分子层面,从而推动了新文化运动的理论化、系统化,并完成了读者群的扩大。1919年爆发了五四爱国运动,此次运动参与人数之多、参与者政治觉悟之高以及斗争之持久、范围之广、触动社会之深度与广度,在中国历史上都是空前的。"'五四'运动的发端,及始于以北京大学等学校为主的青年学生,这都是共识的历史事实"②,而这恰恰是北大教授们参与和推动新文化运动的必然结果。比如,胡适在北大教授中国哲学史课程的经历,顾颉刚有如此记录:"我瞧他(胡适:作者注)略去了

---

① 朱文华:《陈独秀评传——终身的反对派》,青岛:青岛出版社,2005年,第83页。

② 陈万雄:《五四新文化的源流》,北京:三联书店,1997年,第58页。

从远古到夏、商的可疑而又不胜其烦的一段,只从《诗经》里取材,称西周为'诗人时代',有截断众流的魄力,就对傅斯年说了。傅斯年本是'中国文学系'的学生,黄侃教授的高足,而黄侃则是北大里有力的守旧派,一向为了《新青年》派提倡白话文而引起他的痛骂的,料想不到我竟把傅斯年引到胡适的路子上去,后来竟办起《新潮》来,成为《新青年》的得力助手"。

陈独秀和胡适等一批主张新文化思潮的北大皖籍学者,一方面积极参与校内各种学术活动,以宣传个人的学术主张,他们通过创办报刊和开办新兴社团广泛地传播新文化思潮,使得北大成为新文化传播的中心和大本营。如1922年3月21日,北大成立《国学季刊》编辑部,胡适邀请沈兼士、钱玄同、周作人、马幼渔、朱希祖、李守常、刘叔雅等人,共同编写了"一本研究国学的刊物,却以一种崭新的姿态出现:版面是由左向右横排,文章全部使用新式标点。在当时的确使人耳目一新"[1]。另一方面又以《新青年》杂志为聚集地,高举民主与科学的大旗,召集志同道合的倾向新文化、新思潮的各校师生,全力开展反对旧思想、旧道德的文化及论争活动,大力传播各种有利于新文化运动开展的新观念。为了引起更多年轻人的注意,培养后继人才,《新青年》开始挑选优秀的学生稿件,如1918年4月傅斯年发表了《中国学术思想界之误谬》,5月俞平伯发表了白话诗《春水》,6月在献给挪威社会问题剧作家易卜生的专刊上,刊登了罗家伦翻译的现代文学史上具有象征和里程碑意义的剧本《娜拉》。通过与皖籍学者的社会交往,被吸引进入《新青年》工作并逐渐成为中后期主要撰稿人的有李大钊、鲁迅、高一涵、刘半农、胡适、钱玄同、沈尹默等。此外,经常为《新青年》撰稿的还有蔡元培、王星拱、陶履恭、朱希祖、马寅初、张崧年、周作人、林语堂、罗家伦、傅斯年等北大师生。在皖籍学者的感召和带动下,这群知识分子以《新青年》杂志为阵地,致力于国民思想改造和推行文学革命,他们的文化选择和理论指向,在某种程度上也代表着当时中国学术界众多精英的兴趣与追求。

---

[1] 易竹贤:《胡适传》,武汉:湖北人民出版社,2005年,第175页。

## 二、皖籍学者与新潮社

1918年夏,北京大学一些受新文化运动思潮影响的青年学生傅斯年、罗家伦、徐彦之、俞平伯等,在陈独秀、胡适、钱玄同、李大钊等师长的指导与帮助下,发起并成立了北京大学第一个倾向于新文化运动的学生社团——新潮社。

在新文化运动逐步深入期间组建的各类文化社团中,新潮社是创办较早的一家,这个社团成立的目的是进行文化宣传和文艺论争。它是不折不扣的文学团体,但它为世人和当时民众所熟悉,却是因为五四爱国运动中的大游行。当时参与游行的学生,就是由新潮社的骨干成员组织的。1919年5月4日《北京全体学生宣言》发表,其作者正是新潮社的创始人之一——罗家伦。1919年元旦,为更好地联合社团成员,宣传自己的文化主张,由傅斯年主编的《新潮》创刊号问世,蔡元培和陈独秀对学生们的办刊行动给予了赞助,从北大每年4万元的活动经费中提出2千元给傅斯年办《新潮》,胡适则出面担任他们的学术顾问。这些支持既帮助学生出版了刊物,宣传了主张,又在办刊思想上予以引导,对于新一代青年知识分子来说,这是一次集中展示课堂所学和个人主张的机会。《新潮》以北大学生为主体,它所提出来的宗旨有二:(一)介绍西洋现代思潮;(二)批评中国现在学术上社会上各种问题。主编是中文系的傅斯年(山东聊城人,1896~1954)和英文系的罗家伦(浙江绍兴人)……前后一共出了三卷。在当时《新潮》算是响应《新青年》"[①]。《新潮》杂志从一开始就旗帜鲜明地宣布了自己的文化立场,它与皖籍学者创立和推动的《新青年》同声相应,以年轻人的姿态,与旧势力、旧传统、旧思想展开了激烈的论争,表明在培育一代新青年群体方面,新文化运动是成功的,也暗示了这场文化运动的可持续性。如在论述旧道德的问题上,学生辈的吴康不仅坚定地站在自己的皖籍师长一边,还对《新青年》提出的泛化、概念式的道德伦理革命进一步条分缕析,"吾国今日道德之根

---

[①] 朱偰:《五四运动前后的北京大学》,《五四运动亲历记》,北京:中国文史出版社,1999年,第291~292页。

本问题,乃在革除昔日一本不易旧道德之观念,而建设今日因时制宜新道德之标准……就目前之情势观之,应规定者约有三事:(一)注重人道主义,以平等博爱诸德实行之;(二)发达个人之利己心;(三)主张极端之自由思想"①。值得注意的是,《新潮》杂志上刊登的这样的政论文并不多,它刊发的大多是文艺作品,如俞平伯"发表在《新潮》上的第一首新诗是《冬夜之公园》,描写当时北京的中央公园(现在的中山公园)。以后又写了描写天津海河的新诗《春水船》等","还写过两篇白话小说:《花匠》和反对妇女守节的《狗和褒章》。《花匠》曾被鲁迅先生编选入《中国新文学大系》里",说的是花匠修饰花卉,虽有人工情趣,但把花的自然美完全破坏掉了。文章以形象的方式,提出了"反对束缚的思想观念"。单从艺术技巧上看,这些刊登的作品是很幼稚的,"因为那时年纪很轻,思想里并没有明确的反封建的意识(我们当时对'封建'的理解是分封诸侯的意思,与今天不同)。尽管如此,这里面实际却包含着反对封建、要求民主的思想"②。虽然《新潮》不是直接以政论文来支持新文化运动,但这类文学作品无不受新思潮影响,这也与学生的受教育程度、社会接触面有关,相较于师长的理论建设,学生们的兴趣点更在于文学实践。

《新潮》杂志在当时的英文译名为"*The Renaissance*",即文艺复兴。这个英文刊物名标志着新潮社成员将对抗神学的个体觉醒视为"新潮",这也是他们办社与创刊的中心所在。因此,《新潮》杂志是一本旨在中国青年中传播独立意识与批判精神的北大学生自办的杂志。在《〈新潮〉发刊旨趣书》中,傅斯年就强调该刊是为了帮助青年学生"去遗传的科举思想,进于现世的科学思想;去主观的武断思想,进于客观的怀疑思想;为未来社会之人,不为现在社会之人;造成战胜社会之人格,不为社会所战胜之人格"③。他们一方面对中国封建伦理文化和儒家

---

① 吴康:《论吾国今日道德之根本问题》,《新潮》,1919年第2期。
② 俞平伯:《回忆〈新潮〉》,《五四运动亲历记》,北京:中国文史出版社,1999年,第327页。
③ 傅斯年:《〈新潮〉发刊旨趣书》,《新潮》,1918年1月1日。

思想进行广泛而激烈的批判，就这一点而言，他们与皖籍师长们在《新青年》杂志中的行动如出一辙；另一方面一直站在文学创作与实践的阵地上，开展各类文体实践及论争，提倡白话文学，翻译西方文献，介绍国外文化及思潮，批评国内各种不公正、不平等的社会观念，创作文艺作品，用自己的笔去为文化运动呐喊助威。"《新潮》的创刊，意味着学生辈正式以群体的形式加入到'运动'中来"①。它成为《新青年》坚实的青年同盟和后继者，与《新青年》一起共同推动了新文化运动影响的扩大，成为新文化运动的重要阵地。在皖籍学者及其同道的支持下，学生获得了阐发个人观点的机会，同时又将老师辈的启蒙主张带到青年人之中，唤起更多的人关注和参与新文化运动。

在皖籍学者的启发和鼓舞下，像《新潮》这样以北大师生为主体的或完全由北大师生创办的倾向和宣传新文化思潮的刊物开始大量涌现，"皆用白话文章发表意见，把数年前的新文学运动，无形推广许多"，"新文学的势力，就深深占入学生界的头脑中去了"②。《新潮》作为深受《新青年》影响的杂志，其编者和作者大多属于《新青年》编者和作者的弟子辈，无论从门派还是从精神实质上都可以算得上是《新青年》的传人"③。1918年12月，陈独秀和李大钊又创办了《每周评论》，作为《新青年》的补充和后援。与《新潮》同时或稍早创刊的杂志还有王统照、徐彦之、郑振铎等人创办的文艺刊物《曙光》，瞿秋白、耿济之、许地山等人创办的《新社会》，此外还有《少年中国》《国民》《北京大学日刊》等新派刊物。北京大学内各种进步社团也大量涌现，如科学常识杂志社、新知编译社、工读互助团、平民教育讲演团等④。这样多学科、多层面的群体联动效应壮大了北京大

---

① 王奇生：《革命与反革命——社会文化视野下的民国政治》，北京：社会科学文献出版社，2010年，第23页。
② 胡适：《五四运动纪念》，刘军宁主编：《北大传统与近代中国：自由主义的先声》，北京：中国人事出版社，1998年，第571页。
③ 冉云飞：《吴虞和他生活的民国时代》，济南：山东人民出版社，2009年，第113页。
④ 钱和辉、张雷：《〈新青年〉与北京大学》，《党史纵览》，2005年第9期。

学内的新文化阵营,扩大了新文化运动的影响面,推动了新文化运动的蓬勃发展,北京大学也因而成为新文化运动深入发展的基地。"北大社团办刊传播,带动了全国各地高校和社会办刊热"①。北大的新文化活动带动和影响了全国各地高校,学生们开始创办各种启蒙报刊,组建新社团,"为中国文化的发展输入了新的活力"②,使得新文化运动在高等院校得以深入展开,为日后的政治民主革命预备了人才,打下了坚实的思想和理论基础。

### 三、皖籍新文化运动倡导者与桐城派

由于蔡元培"素信学术的派别是相对的,不是绝对的;所以每一种学科的教员,即使主张不同,若都是'言之成理,持之有故'的,就让他们并存,令学生有自由选择的余地"③,"此思想自由之通则,而大学之所以为大也"④。新文化运动深入发展时期,北京大学已有不少学术性、文学性或政治性团体,除前文提到的新潮社外,还有诸如马克思学说研究会、国故社、共进会等团体。这些团体成员多则百余人,少则数人,但无论哪个团体,都"绝没有一个能代表全体的北大派"⑤。蔡元培在治校时所培育的自由的学术风气一方面为新文化思潮的传播提供了良好条件,另一方面又使得北大出现了多学派分割的局面。"近来北京大学文科教授主持文学者,大略分为三派:黄君季刚与仪征刘君申叔主骈文,而刘与黄不同者,刘好以古文饬今文,古训代今义,其文虽骈,佶屈聱牙,颇难诵读;黄则以音节为主,间饬

---

① 方汉奇:《"五四"与中国新闻事业》,《中国报刊月报》,1999年第5期。
② 杜江南:《五四运动70周年学术研讨会观点综述》,《理论学习月刊》,1989年第6、7期合刊。
③ 蔡元培:《我在北京大学的经历》,《蔡元培全集》(第6卷),北京:中华书局,1988年,第351页。
④ 刘军宁主编:《北大传统与近代中国:自由主义的先声》,北京:中国人事出版社,1998年,第580页。
⑤ 田炯锦:《北大六年琐忆》,牧洲、牧小编:《北大故事:名人眼中的老北大》,北京:中国物价出版社,1998年,第21页。

古字,不若刘之甚,此一派也。桐城姚君仲实,闽侯陈君石遗主散文,世所谓桐城派者也。今姚,陈二君已辞职矣。余则主骈散不分,与汪先生中、李先生兆洛、谭先生献,及章先生(太炎)议论相同。此又一派也"①。

  北大也因此成为让人赞赏和倾心不已的学术天地,一所百家争鸣、学术大家结集的真正意义上的名校。学校里既有梳着辫子,特立独行但学贯中西,号称"清末怪杰",精通西洋科学、语言兼及东方华学的"中国第一人"的辜鸿铭,国学名宿刘师培(申叔)、黄季刚(侃)等大家,也有新文化运动的代表人物陈独秀、胡适等。比如在哲学教学方面,许丹、梁漱溟讲印度哲学,张颐讲黑格尔哲学,马叙伦讲老庄哲学,胡适则讲中国哲学史。各门课程有序开展,学生可按自己的兴趣自由选择。这样的学术碰撞既考验着教师的学识,也在北大营造出一种多层面的学术氛围。在同一学校,甚至在同一座大楼的楼上楼下,经常会出现观点完全对立的教授分别授课的情况。如林公铎,名损,也是当时北大一位有名的人物,"二十几岁就到北京大学国文系任教授",在课堂上,他"责骂胡适怎样不通,因为读不懂古文,所以主张用新式标点"②。新文化运动前,黄侃教骈文,一上课就痛斥散文的无韵和美感丧失;而桐城派姚永朴教散文,上课必会批驳骈文的故步自封和僵化等。当胡适、钱玄同进了北大,开始讲授白话文写作时,这些国学名家不再彼此攻击,而是携起手来,共同维护文言文,对抗白话文。对于北大的皖籍学者来说,此时最大的争执即新文化运动的代表人物与桐城派文人之争。"以段祺瑞、王揖唐等为首的'安福系'正炙手可热,同时以陈独秀、高一涵、胡适为首的知识分子反对派,也正锣鼓喧天。这针锋相对的朝野两派领导分子恰巧都是安徽人","但是当时在北京居住的吾皖老辈对后起的青年学者则多鄙薄陈独秀(实庵)而推崇胡适之。政治思想问题倒是次要的,主要的是

---

  ① 朱偰:《五四运动前后的北京大学》,《五四运动亲历记》,北京:中国文史出版社,1999年,第291~292页。
  ② 张中行:《红楼点滴》,牧洲、牧小编:《北大故事:名人眼中的老北大》,北京:中国物价出版社,1998年,第239页。

传统的礼教观念在作祟"①。

在新文化运动的诸多文化论争中,桐城派作为当时影响最大的中国传统文化代表,受到了新文化运动者们集中而猛烈的攻击。首先发动攻势的,就是同乡人胡适与陈独秀。胡适在《文学改良刍议》中,就已对韩柳文体作了含蓄的批评,而陈独秀在《文学革命论》中则明确提出要推倒韩柳古文这样的贵族文学;《新青年》杂志1917年5月1日刊发的胡适的《历史的文学观念论》一文也专门论及桐城古文派。至此,新文化运动的两位推动者和倡议者都已把反对旧文学和旧文化的矛头指向了桐城派及桐城古文。在1917年2月1日《新青年》第2卷第6号的"通信"一栏里,收录了钱玄同的一封信,他对胡适的《文学改良刍议》表示了佩服与赞同,并认为"其斥骈文不通之句,及主张白话体文学,最为精辟","具此识力而言改良文艺,其结果必佳良无疑。惟选学妖孽,桐城谬种,见此又不知若何咒骂。虽然得此辈多咒骂一声,便是价值增加一分也"②。这是《新青年》杂志中第一次出现"选学妖孽"、"桐城谬种"的字样,此后,以"妖孽"称骈文,以"谬种"称古文的提法,随着《新青年》杂志以及皖籍学者在新文化运动中影响力的扩大,在知识界,尤其是在年轻人中传播开来,并在很大程度上影响了日后对桐城派文学价值的评价。

桐城派又称"桐城文派"、"桐城古文派",由于其主要代表人物方苞、刘大櫆、姚鼐皆为桐城人,故世人将他们以及追随他们的文人群体统称为"桐城派"。桐城派文人在文坛考据学盛行一时的时候,坚持散文写作,显示出他们的特立独行,"桐城派秉承程、朱道统,宗崇汉及唐宋八家散文,别立门户,自成体系"③。事实上,在中国近现代历史上,以吴汝纶、严复为代表的桐城文人,并不是什么祸害国家、破坏民主的妖孽,相反,他们中的许多人,都曾是中国现代化理念的大力倡导者,就连新文

---

① 唐德刚:《胡适杂忆》,桂林:广西师范大学出版社,2005年,第4页。
② 钱玄同:《通信》,《新青年》,1917年2月1日。
③ 安徽省桐城县政协文史委员会:《桐城文史》(第2辑·桐城派专辑),1995年,第1页。

化运动的主将之一胡适在"评论严复和林纾时认为'严复是介绍西洋近世思想的第一人,林纾是介绍西洋近世文学的第一人'"①。

桐城派的代表人物吴汝纶和严复已在第一章中予以介绍,这里不再赘述。其余三人马其昶、姚永朴、姚永概也都是安徽桐城人,其中马其昶的社会及文化声望最高,有桐城派"殿军"之称。他们师从吴汝纶、张裕钊,著述甚丰,"在清季为饱学之士"②,虽然他们在文学创作中遵守桐城"义法",但他们坚守的独立自由的学术气节以及他们文中所传达的忧国忧民的情怀,在其创作和政治活动中都有反映。如"姚门四弟子"之一的姚莹(字石甫)在进行学术研究的同时身体力行,担任台湾兵备道时,率众在基隆、大安港多次击退进犯的英军,他是近代中国较早关注外面世界的代表人物,曾自著《识小录》,还曾出版一套《异域丛书》;他记载战事的散文,爱国之情溢于言表,比如《康輶纪行》就记载了不少英国、法国的历史地理知识,还特意提到要警惕英国对西藏的侵略和加强沿海、边疆的防务,显示出这位桐城派文人敏锐的时事眼光。而与新文化运动倡导者们大展笔战的林纾,不仅是当时知名的寒门学士,也是现代的翻译大家,他翻译的《茶花女》、《福尔摩斯》等作品风靡一时,影响深远。吴门弟子严修、周馥等人,更是直接参与了变法图强的洋务运动,京师同文馆里的大批吴门弟子,早在胡适、陈独秀的白话文运动推广前,就已经借助白话来翻译和介绍西方近代的科学及文化思想。"京师同文馆是近代中国第一所外语学校,也是近代中国新式学堂的雏形,它的存在不仅在西学宣传上具有积极的意义,而且对这之后的新式学堂也具有一种示范作用"③。"同文馆至1902年被并入京师大学堂,前后历时四十年,其间培养了不少外交、科技和翻译人才","另一贡献是翻译

---

① 关爱和:《五四之后新文学家对桐城派的再认识》,《中州学刊》,1998年第1期。

② 王镇远:《桐城派》,上海:上海古籍出版社,1990年,第140页。

③ 郭延礼:《近代西学与中国文学》,南昌:百花洲文艺出版社,1999年,第12页。

了二十六种西书",比较重要的有《万国公法》、《富国策》、《全体通考》、《俄国史略》①。

"以严复、林纾为代表的桐城文人以桐城文章翻译西学,绍介新知,别开生面,为桐城古文注入了新的生机和活力。桐城文章作为新学的文化载体,也由此展现了一种前所未有的时代魅力"②。"严、林以桐城文章翻译,从某种意义上说,是他们拜吴汝纶为师的结果。严、林为桐城护道和张目,亦人所共知,视其为晚清民初桐城的重要'盟军',始终是学界的普遍认同"③。"严复、林纾译述文体不仅'迎合'文化时尚,而且也是时势所然的'由衷之言'"④。此时的桐城派文人绝不是枯守书斋、迂腐的老夫子,他们秉承桐城派重视人才、兴学从教的传统,融汇中西,加之近代时期个人学术视野的开拓和家学渊源的传承,在晚清的教育及社会文化变革中,往往得风气之先,以其卓识远谋而为世人瞩目。桐城派学者与北京大学的渊源,较之推动新文化运动的皖籍学者,要深厚得多。早在 1902 年吴汝纶就担任过总教习,他逝世后,总教习职位则由其弟子、阳湖派——桐城旁支的代表人物张鹤龄继任。1906 年至 1913 年,林纾任预科、文科讲席;1912 年至 1913 年,姚永概任文科讲席,并任学长。马其昶和姚永朴也曾担任过文科讲席。1910~1911 年,吴汝纶之婿柯劭忞任署理,1912 年 2 月至 10 月,严复任校长⑤。由此不难看出,桐城派晚期代表人物无一例外地都与北京大学发生过联系,并在北大的办学及行政方面发挥了重要作用。北京大学既是他们传道授业的讲坛,亦是桐城派文人为国

---

① 郭延礼:《近代西学与中国文学》,南昌:百花洲文艺出版社,1999年,第 11 页。
② 吴微:《桐城文章的"别样风景"》,《中国现代文学研究丛刊》,2009年第 2 期。
③ 吴微:《桐城文章的"别样风景"》,《中国现代文学研究丛刊》,2009年第 2 期。
④ 吴微:《桐城文章的"别样风景"》,《中国现代文学研究丛刊》,2009年第 2 期。
⑤ 吴微:《从亲和到遗弃:桐城派与京师大学堂的文化因缘》,《东方丛刊》,2006 年第 3 期。

家培养青年学子,进而兼济天下的场所。毫不夸张地说,在陈独秀等人进驻北大之前,桐城派文人才是北大真正的学术引导者,即使在新文化运动方兴未艾之时,桐城派在北大的影响力也未完全消失。

"新文学运动固然由于对桐城派的'反动'所起,而新文学运动的倡导者所受桐城派中人物潜移默化影响的事实也不可抹煞。新文学不是横空出世的舶来之物,它与民族文化、民族文学便有着割舍不断的联系。这种联系可以被忽视,但决不会不存在"①。严格来说,按照学派的划分方法及标准来看,桐城派并不是政治团体,而属文学群体,桐城派人物的社会活动基本上是围绕文学进行的。"到吴汝纶、严复、林纾诸人起来,一方面介绍西洋文学,一方面介绍科学思想,于是经曾国藩放大范围后的桐城派,慢慢便与新要兴起的文学接近起来了。后来参加新文学运动的,如胡适之、陈独秀、梁任公诸人,都受过他们的影响很大,所以我们可以说,今次文学运动的开端,实际还是被桐城派中的人物引起来的"②。但是,由于恪守"学为人师"的道德要求,在士风、学风等社会热点问题上,桐城派与新文化运动倡导者是完全背道而驰的,这才引发了前文所说的笔战。在经历过废科举、建学堂、辛亥革命、袁世凯复辟等一系列社会政治事件后,像马其昶、姚永朴、姚永概、林纾这些晚期桐城派的代表人物思想中的"学行程朱、文章韩欧"的学术及文化倾向并没有改变。面对西学东渐、新学兴起的文化动荡,他们虽没有一味排斥西学,但他们更倾向以道统、文统自居,在"中学为体"的原则下,心甘情愿地做传统文化的继承者和捍卫人。他们关于新文化的论争以及对于传统文化的捍卫,已经不单纯是一种政治态度,而是他们的文化选择。换句话说,这群桐城派文人正是中国传统士大夫文化的"守夜人"。"全面认识桐城派作家及桐城派古文,是新文学家五四以后全面认识传统文化、

---

① 关爱和:《五四之后新文学家对桐城派的再认识》,《中州学刊》,1998年第1期。

② 周作人:《中国新文学的源流》,上海:华东师范大学出版社,1995年,第48页。

传统文学与新文化、新文学关系的一个重要组成部分"①。

"五四实质上是一场思想运动、文化运动,由此必然是多元多向的;所谓斗争也都处于同一层面上,是书面的争论和角逐。没有王者,没有公认的权威,也不需要大法官"②。虽然在学术观点、文化选择及政治理念上桐城派文人与新文化运动倡导者的看法有明显差异,但倡导学术自由及文化独立、推崇自由理性,却是他们共同的精神追求。争论归争论,北大皖籍学者间的对立纯粹只是学术观点上的,或者说是学者之争。他们虽然论点相对,但对于各自的为人和学术研究还是有所推重的,政见不同但私交仍在。这是共同地域形成的社交文化状况,也是新文化运动中独特的风景。新文化运动的主要倡导者"在其青少年时代无不受过典型和严格的传统式教育,其文化背景可谓以传统旧学为底色"③:陈独秀"尤擅长文字声韵之学",胡适则以考据见长。陈独秀和刘师培曾同在安徽公学任教,也同时参加革命活动;前文所提到的新文化运动的坚定拥护者易白沙,与"朱孔彰、邓艺孙、马其昶、姚永朴、姚永慨、方伦叔诸君,相与推重,引为后年交"④。1905年与陈独秀、赵声等策划刺杀五大臣的吴樾,正是桐城派文人吴汝纶之侄;在《新青年》第3卷第1号上发表《我之改良文学观》的方孝岳也属桐城派人,是当时有名的文学理论家和音韵学家,其父方守敦与陈独秀父亲曾结为通家之好。方孝岳结婚时,陈独秀与胡适还以"新派人物"出席婚礼仪式,一时传为佳话。由于相似的知识结构加上地域联系,以及彼时相等的社会身份,北大的皖籍学者群形成一道独特的人文风景,一方面,乡土社会特点使得他们形成千丝万缕的熟人关系,加之同校任教,构成了他们相熟相知的人际关系;另一方面,在学术观点及文化热点上,他们又有着各自不同的

---

① 关爱和:《五四之后新文学家对桐城派的再认识》,《中州学刊》,1998年第1期。
② 林贤治:《五四之魂——中国知识分子精神史》,桂林:广西师范大学出版社,2008年,第82页。
③ 欧阳哲生:《新文化的传统——五四人物与思想研究》,广州:广东人民出版社,2004年,第5页。
④ 易白沙:《帝王春秋》,长沙:岳麓书社,1984年,第3页。

立场,但这些皖籍学者之间的争论,无论是抨击、批判还是嘲讽,往往都是在一种平等的学术对话氛围中进行的。

此时的北京大学,"各种思想虽平时互相歧异,到了有某种思想受外部压迫时,就共同来御外侮","平时于讲堂之内,会议席之上,作剧烈的辩驳和争论,一到患难的时候,便共力合作","引外力以排除异己,是本校(北京大学——笔者注)所不为的"①。1919年6月11日,陈独秀因亲自上街散发"北京市民宣言"传单被捕后,积极参与营救工作的不仅有陈独秀的新文化运动同道,还有桐城派古文家马通伯、姚永概等人。事后他们还出席了陈独秀出狱的答谢宴,后来胡适给陈独秀写信还提到此事:"我记得民国八年你被拘在警察厅的时候,署名营救你的人中有桐城派古文家马通伯与姚叔节。我记得那晚在桃李园请客的时候,我心中感觉一种高兴,我觉得这个黑暗的社会里还有一线光明;在那反对白话文最激烈的空气里,居然有几个古文老辈肯出名保你,这个社会还勉强够得上一个'人的社会',还有一点人味儿。"②再如桐城大家刘师培,基本上没有认同过陈独秀的新思想和新观点,但在陈独秀被收监的第二天,他却联合北京大学、民国大学、中国大学马裕藻、马叙伦、程演生、王星拱、马寅初等数十位教授,致函京师警察厅,要求保释陈独秀。由于当时担任京师警察厅总监的吴炳湘也是安徽人,北京安徽同乡会和上海协会通过同乡关系,纷纷为营救陈独秀呼号奔走,"余裴山强调陈'为革命新思想之先导,实吾皖最优秀之分子,请即释放。'安徽省长吕调元也致电吴炳湘:'怀宁陈独秀好发狂言,书生结习。然其人好学深思,务乞俯念乡里后进,保全省释"③。在1924年反对大学官僚化、政治化和1925

---

① 蒋梦麟:《北大之精神》,刘军宁主编:《北大传统与近代中国:自由主义的先声》,北京:中国人事出版社,1998年,第584~585页。
② 胡适:《致陈独秀》,《胡适来往书信选》,北京:中华书局,1979年。
③ 《安徽文化史》编纂工作委员会:《安徽文化史》(下),南京:南京大学出版社,2000年,第1955页。

年的"趋章运动"①中,这些不同派别的皖籍学者们也同样坚定地站在了一起。

北大这两个学术及政治观点截然不同的皖籍学者群,都着眼于思想、个人学术修养以及文化观点的建设,"自由之思想,独立之精神"是他们的写照。"我不同意你的观点,但我誓死捍卫你说话的权利",这句话可以为桐城文人此时的行为作注解。作为当时最具影响力的学术团体,桐城派成为新文化倡导者思想突围的行动攻击点。为了捍卫自己的文化传统,桐城派与新文倡导者展开了论争,但这场论争并不能遮蔽桐城派应有的学术地位,相反地,它恰恰证明桐城派的文化主张有很高的学术分量,他们的论争只是时代需要的产物,而他们的治学理念和思路则应得到公正评价。

## 第三节　皖籍知识分子与安徽本土新文化运动的关系

"中国的士大夫,出仕以前,退休以后,大致以乡居为常态"。"这些士大夫,身处农村,遂成为小区的精英,也以精英身份,组织与领导小区,形成社会力"②。以陈独秀为核心的皖籍知识分子群体既是新文化运动和五四爱国运动的指导者,也是安徽社会文化及政治运动的奠基人和组织者。新文化运动在安徽的胜利,从某种程度上说,是陈独秀和胡适的胜利。正如陈独秀自己所言,"不论是功是罪,都不应专归到哪几个人;可是蔡先生、适之和我,乃是当时在思想言论上负主要责任的人"③。

无论是《新青年》杂志作者的聚集还是北京大学新文化运

---

①　指的是 1925 年 8 月的驱逐章士钊运动。这场运动的导火索是时任教育总长的章士钊对女师大学生运动的野蛮处理,而引起这场运动的根本原因则在于他的政客治校的态度。

②　许倬云:《我者与他者——中国历史上的内外分际》,北京:三联书店,2010 年,第 112 页。

③　陈独秀:《蔡孑民先生逝世后感言》,蔡建国:《蔡元培先生纪念集》,北京:中华书局,1984 年,第 71 页。

动学者们的集会,很大程度上,都归功于陈独秀的个人号召力。"陈独秀生于1879年10月9日,安庆人,清末皖城秀才第一,后留学日本,辛亥革命后任皖省都督秘书长。二次革命失败后,陈独秀为生活所迫,于1914年夏第五次去日本,帮章士钊编《甲寅》"①。除了前期的人际积累和地缘情结,依托《新青年》和北京大学,陈独秀又先后招募了一批具有新思想和新观念的人才,包括胡适、刘文典、刘半农等,这些同道后来都成为全国新文化运动的直接参与者和推动者,而当时安徽本土的新文化运动有两股指导力量,"一股是以陈独秀为代表的新文化运动的倡导者,早期陈独秀在安徽芜湖长街创办过科学图书社,提倡新文化,普及科学知识。后来,陈独秀虽离开安徽,但是,他所办的《青年》杂志,早在一九一五年在安徽就已出现,安庆、芜湖两地先进人士和各校青年受了很大影响;另一股是以李光炯为代表的反清、反北洋系民族主义思想的文化界人士。他们在文化界是很有号召力和影响的人物。陈、李两人早有深交,但是政见不同,然而在当时都具有较大政治影响力"②。

在陈独秀的直接或间接影响下,安徽涌现出一批宣传和推动新文化运动的知识分子,如前文提到的刘希平、高语罕等人。在安徽的新文化运动中,他们鼓动和号召全省教职工和青年学生,冲破北洋军阀政府的阻挠。"当时在北京的陈独秀同在安徽的刘希平、李光炯和我等都有联系。陈独秀离开安徽时曾说过:'我去搞全国性的运动,你们在安徽搞反军阀活动。'在某种意义上说,刘希平实际上是陈独秀在安徽的代表。当北京一发动,我等在安徽就积极推动,发表宣言,组织游行"③。而从《新青年》"通信"一栏的文章选择中,也不难看出陈独秀对于安徽新文化运动的关注与推动。这一栏目设立的目的就是为青年学子释疑解惑,共同探讨青年关注的社会及文化问题,这一栏

---

① 朱洪:《陈独秀与胡适》,武汉:湖北人民出版社,2006年,第1页。
② 朱蕴山:《回忆"五四"运动前后在安徽的活动》,《安徽文史资料选辑》(第2辑),1982年,第5页。
③ 朱蕴山:《回忆"五四"运动前后在安徽的活动》,《安徽文史资料选辑》(第2辑),1982年,第5页。

目上发表的信件,反映了在新思潮感召下青年们要求变革的愿望。如在第 1 卷第 1 号上的两则通信,全是来自安徽:一则是皖籍青年章文治来信控诉安徽当时军阀统治的政治黑暗与社会无序状况,并询问大城市上海学校的情况;另一则是王庸工以旧交的口吻与陈独秀讨论国体问题。在第 2 卷上又陆续发表了胡适、潘赞化、程演生等皖籍人士的通信。到 1917 年 5 月1 日出版的第 3 卷第 3 号上,刊登有安徽省立第三中学学生余元浚、省立第二师范校长胡晋接(子承)讨论新教育方针的拟定和实施问题的信函。在 1920 年 11 月 1 日的《新青年》第 8 卷第 3 号上,刊登有皖籍青年学生柯庆施给陈独秀的信函,向其请教劳农专政问题。可以看出,陈独秀虽不在安徽,但作为精神符号,他已经在安徽产生了巨大影响,是安徽探知外界的渠道,并足以影响安徽本土。

除陈独秀外,另一位新文化运动的领袖胡适,也是当时安徽知识界和青年界最有影响的人物。"50 年代初期,美国颇具影响力的《展望》(Look)杂志推举出一百位当前世界最具影响力的伟人,'胡适'大名亦荣列其中,为百人帮之一"[①]。"从 1917 年到 1962 年,胡适无论在文化史、思想史、学术史或政治史上都一直居于中心的位置,他一生触角所及比同时代任何人的范围都更广阔"。与陈独秀一样,胡适在着力进行全国新文化建设的同时,也密切关注着家乡的事态。比如他在北京得知安徽"六二"学潮惨案后,就曾写下《死者》一诗,既表达了对姜高琦之死的深切悼念,也表达了对请愿抗争而死的不认可。"胡适在二十四年(1935)5 月 4 日《纪念五四》,发表于《独立评论》一四九期说:'五四运动是一个名词,最早见于八年五月二十六日的《每周评论》(第 23 期)。一位署名毅的作者,……在那一期里写了一篇《五四运动的精神》,说:第一,这次运动是学生牺牲的精神;第二,是社会的制裁精神;第三,是民族的自决

---

① 唐德刚:《胡适杂忆》,桂林:广西师范大学出版社,2005 年,第 156 页。

精神。'"① 相较于陈独秀,胡适对于家乡安徽工作的推动更趋理性,这也与其一贯倡导的人文思想密切相关。

"从《日记》(《胡适日记全集》,联经出版公司,作者注)观察,1917~1926年自成一个清楚的段落。这是胡适在中国思想界、学术界、文化界发挥最大影响力的时期。文学革命、新思潮、小说研究、整理国故(包括顾颉刚《古史辨》)、科玄论战等等文化运动都和他的精神领导有直接的关系。他最重要而又流传最广的论著也大都成于这一阶段。""胡适自早年'暴得大名'以后,每作公开讲演都是人山人海,至老不衰。他对于青年学生尤其具有特别的号召力,在二十世纪的中国,他是始终能在知识青年的心目中保持着'偶像'地位的唯一人物。更值得注意的是,这个'胡适崇拜'(The Hu Shih Cult)的现象并不是由政治权威造成的,相反的,它在很大的程度上象征了向政治权威挑战的心理。""从最激进的到最温和的,一切有志于国家社会事业的青年,差不多都把他视为导师,向他倾诉自己的愿望、理想和苦闷,请求他的指导。他受到各地、各种社团的邀请,去发表讲演。他的影响引起了守旧势力的恐惧","这从反面反映出胡适当时所扮演的角色的重要性"②。

基于胡适的社会影响力,"我的朋友胡适之",在20世纪二三十年代,几乎成为社会确立名士地位及身份等级的评价标签。有趣的是,据记载,当时还一度"造假成风",一些人根本没有见过胡适,但因深知"胡适"二字的隐藏内涵,就打着他的招牌招摇撞骗,还真的有所收获。用历史学家唐德刚的话说,"胡适之有一种西方人所说的'磁性人格'(magnetic personality),这种性格实非我国文字里什么的'平易近人'、'和蔼可亲'等形容辞所能概括得了的。有这种禀赋的人,他在人类群居生活中所发生的社会作用,恍如物理界带有磁性物体所发生的磁场。它在社会上所发生引力的幅度之大小,端视其在社会中影响力

---

① 罗尔纲:《师门五年记·胡适琐记》(增补本),北京:三联书店,2006年,第178页。

② 耿云志:《影响最大、争议最多的知识界领袖——胡适》,《民国著名人物传》第4卷,北京:中国青年出版社,1997年,第34页。

之高低；影响力愈高，则幅度愈大"①。胡适的个性特征加之当时已有的社会影响力，使得他在中国社会的影响力日益扩大，"胡适把中国公学办得生气勃勃，整整齐齐。以前，中国公学是闹风潮的，胡适便是于 1928 年 4 月底风潮未解决时来接任校长的。他来接任后，各派学生都拥护他。学校安定了，学生才得专心潜研学问。这所大学，宁静得犹如我国古代的书院。他在中国公学培养了一批杰出人才，国际著名物理学家吴健雄便是数学系的女学生。著名史学家吴晗也在这所学校里受到史学的训练"②。胡适的文化主张也在这些办学活动中得以张扬和体现，"胡适聘请教授，兼容并包有蔡元培作风，不分派别，不限资格"。由于他的治校，"胡适接任校长时，只有 300 名学生，一年之间，增至 1300 多人，发展很快"③。另有数据统计，仅 1916 年，胡适与朋友之间往来的书信，胡适收到的信件有 1210 封，寄出的则有 1040 封，可见其受关注面之广，也从另一侧面证明了胡适的社会影响力。从首倡文学文体到寻求个人与社会的独立与自由，毫无异议，胡适担当了社会导师的角色，可以这样断言，经受新文化运动熏陶的知识分子，是少有不受陈独秀和胡适影响的。

  这些客居异乡的皖籍同人们除以团队形式或通过社会交往来加强和维系同乡之间的联系并建立互助同盟外，还关注和推动本土社会的变化与发展。"我们虽然寄居在外，但是本省父老兄弟所受的痛苦，没有一件不直接或间接传到我们耳边。我们就是跑到千里万里之外，总没有一时一刻不感受到本省政治上、教育上、实业上所发生出来的种种不良的苦痛"④。他们积极参与安徽本土的政治文化活动，在一定程度上对于安徽本土社会的重大事务施加了积极影响。

---

① 唐德刚：《胡适杂忆》，北京：华文出版社，1990 年，第 198 页。
② 罗尔纲：《师门五年记·胡适琐记》（增补本），北京：三联书店，2006 年，第 67 页。
③ 罗尔纲：《师门五年记·胡适琐记》（增补本），北京：三联书店，2006 年，第 66 页。
④ 高一涵：《皖事改进的商榷》，《安徽文史资料选辑》（第 32 辑），1989 年，第 279 页。

为了加大对省内声援和指导的力度,旅外的皖籍知识分子1920年8月在北京和上海成立了旅京皖事改进会和旅沪皖事改进会。这两个团队的成立宣告了在外皖籍知识分子的行政联合,这次组织团队的目的在于促进家乡的社会变革。旅京皖事改进会以北大皖籍教职员工为主,高一涵、程演生、蔡晓舟、杨亮功、李辛白等17人是改进会的主要成员,改进会的目的就在于驱逐盘踞安徽的北洋军阀,废除督军制,以实现安徽的民主自治,改善政治、社会环境,"一是要把外边的光明告诉地窟(安徽)里人,劝他们张目奋起,一是要把地窟里黑暗痛苦侮辱种种可怜的情况告诉外边的人,求他们哀矜援助"[①]。旅沪皖事改进会则由陈独秀、潘赞化、常恒芳、张鸿鼎、光明甫等15位在沪皖人发起并组织成立,旨在呼应旅京皖事改进会提出的政治主张,而且在其4项主张基础上,进一步提出改进安徽政治空间和社会事务的3种办法。京沪两地成立的皖事改进会,是新文化运动时期皖籍知识分子群体在省外成立的最具代表性的团体。它们的成立,表明旅居省外的进步知识分子并没有因为自己的社会事务而忽视各自的地缘身份,相反,他们从个人行为拓展开来,在组织上联合起来,发挥群体效应,从而推动了本土社会的新文化历程。如1920年9月18日,旅京皖事改进会致电安徽旅沪同乡会,吁请反对张文生担任安徽督军;28日,驻沪安徽代表反对张文生督皖,同时主张召开国民大会,对安徽政局实行根本性改造。1921年6月16日,旅京安徽同乡会1000余人集会,声讨马联甲在学潮中镇压和杀害安徽学生,要求北京政府惩办马联甲,并通电全国给予声援;在安徽本地,法专校长光明甫、一师校长李光炯等联络安徽学联、省教育会、中等以上学生联合会、教职员联合会、省总商会、省农会、报界公会、律师公会、西医学会、中路商团(简称十公团),组成了"六二"学潮惨案后援会,通电上海、北京、南京、天津、武汉等地,请求异乡皖籍同人支持安徽省的学潮运动,并为死难学子伸张正义。1922年10月7日,北京政府任命马联甲督理安徽军务善后事宜,引起安徽各界的强烈反对;10日,省教育会等指出马

---

① 《皖学会发行〈安徽〉周刊》,《晨报》,1920年3月3日。

联甲是杀死姜高琦的真凶,反对其督理安徽军务;17日,旅京安徽学生59人联名通电,反对马联甲就任;18日,安徽各界代表召开大会,反对马联甲,并发通电,要求北京政府收回成命①。

上述一系列活动都是围绕安徽"六二"学潮展开的,从中不难看出,在外的皖籍人士密切关注着本省的事态发展,而本省人士在斗争遇到瓶颈或处于胶着状态时,也倾向于对外寻求声援,求助对象正是在外的皖籍知识分子,这样由外及内、内外呼应的形势,既有利于向外传递安徽的真实情况,又有利于保持安徽斗争进程与全国进程的同步。

旅外的皖籍知识分子不仅以团体形式直接干预和促进本土社会事务的变革,也以个人身份与安徽文化界保持密切往来。如1918年夏,陈独秀偕高君曼回霍邱探亲时,曾向青年学生讲学,宣传进步思想②;1919年下半年,在上海求学的安徽学子自发成立了"安徽旅沪学生会",同年10月下旬,担任旅沪学生会评议部委员的钱杏邨(阿英)应学生会要求,以个人身份回安徽联络各校学生,计划推翻公益维持会选定的安徽省各中等学校校长,以赢得教学管理的自主权,在刘希平和高语罕的挽留下,钱杏邨先后在省立二中、省立第二甲种农业学校等校教书,更直接地影响了安徽新文化运动的进程;北大教授王星拱1921年则直接参与了安徽省教育会的改选运动;受旅京同乡委托,在目睹和了解了安徽当时的教学现状及教改需求后,1925年辞职回皖,担任安徽省立一中校长。再如胡适,1921年8月,在陈独秀的策划和委托下,曾带领安徽旅京、旅沪、旅宁同乡会中的教育界知名人士在安庆停留一周,并在省立一中、省立一师进行多场宣传新文化运动的讲座,因演讲人分量重,加之演讲内容紧贴时事,在安徽各界引起了极大震动;他还和陶行知、蔡晓舟等人发起安徽大学期成会,后来还被推选为安徽大学筹备处交际股干事;1928年8月2日还曾来安庆讲学,"先后在安庆一中、第一师范、教育研究会等处向学界人士和青年学生作了诸如《实验主义》、《学生运动》、《女子问题》、《国语

---

① 参见《"安徽六二运动"史料选编》,合肥:安徽人民出版社,1989年。
② 《霍邱县志》,北京:中国广播电视出版社,1992年,第20页。

运动与国语教育》以及《对于安徽教育局的一点意见》等专题讲演"①。此外,北大两位怀宁籍教授邓以蛰、程演生也先后回皖担任省立一师校长。

除团体及个人的社会活动外,旅外的皖籍知识分子还通过创办刊物等来表达自己对家乡新文化运动的关注,如《新安徽》就是一份由旅沪皖人创办的、鼓励安徽实现民主自治的刊物。这份刊物 1920 年 12 月 25 日出版,16 开本,该刊物把实行各省民主自治看成是新文化运动在政体方面的推进和深入,并认为只有实行政体改革才能最终改变社会,并促进文化思潮的推进与改变。1923 年 3 月,黟县旅沪知识分子汪励吾、余一辰等发起成立了驻沪黟山青年励志会,出版会刊《黟山青年》。黟县旅京学生也成立了安徽旅京黟麓学社,舒耀宗、王同甲、欧阳道达 3 人则创办了以时政评论、科学知识及当地民歌、民谣为内容的《古黟新语》。而由皖籍文人蔡晓舟、杨亮功合编的《五四》一书,则是国内第一本关于五四运动的史料集。该书编成于 1919 年夏季,出版于 1919 年 9 月。这本书详细记述了五四运动的发生、经过,介绍了五四运动在全国各地的反响,并辑录了当时社会各界的重要函电及相关记录性资料。这是目前反映五四运动全貌最早的史料合集。

---

① 《安庆文史资料》(第 17 辑),1987 年,第 164 页。

# 结 语

"那是最好的时代,那是最坏的时代;那是智慧的年代,那是愚昧的年代;那是信仰忠诚的年月,那是怀疑盛行的年月;那是光明的季节,那是晦暗的季节;那是希望之春天,那是失望之冬天;我们都在奔向天堂,我们都在奔向与之相反的方向,地狱……"①

"二十世纪是个悲哀与奋兴底世纪。二十世纪是黑暗的世界,但这黑暗是先导黎明的黑暗。二十世纪是死的世界,但这死是预言更生的死。这样便是二十世纪,尤其是二十世纪底中国。"②

对于中国近现代社会而言,新文化运动实际上是一把双刃剑,它既带来了中国传统社会的转型,也因其狂飙突进的特点,造成了社会的无所适从,正如杜威在1921年所说的,"这场运动的感情成分多于思想成分。它还伴随有夸张、混乱以及智慧与荒谬的杂合。这一切都不可避免地使这场运动在开始阶段具有急功近利特征。……人们可以讥笑整个运动不够成熟,不够深刻;也可以讥讽它是或多或少地把一些不相关的观点、一些支离破碎的西方科学与思想胡乱地拼凑在一起。……但是,

---

① [英]狄更斯:《双城记》,世华译,北京:外文出版社,2000年,第3页。
② 闻一多:《〈女神〉之时代精神》,《闻一多全集》第2卷,武汉:湖北人民出版社,1993年,第114~115页。

新文化运动为中国的未来奠定了最牢固的希望"①。不过,"中国'民族—国家'意识的觉醒虽然受到西方思想的影响,但更重要的还是经受战争失败的大刺激,因此,中国近代'民族—国家'意识便带上突发性的'反帝—救亡'的特点,其民族主义表现为强烈的民族义愤"②。因此,这场原意为对封建理念进行思想革新的运动很快被政治所裹胁,我们也必须看到,"这场思想解放运动影响所及的范围不过是城市中的知识分子,并没触及广大的人民群众,特别是占中国人绝大多数、革命的主力军农民大众依然处于蒙昧状态。新文化运动在中国思想史上具有划时代的意义,这是无可否认的,但当它在履行历史所赋予它的职责时,时代把它引向了另一个新阶段"③。"'五四'的大思路是用西方的理念来批判中国传统,以实现传统的西化,但其致命的弱点是缺乏自身的理论创造。"④"人道主义是永恒的真理,但是,如果人道主义不落实到对个人生命、个人尊严、个人独立权利,尤其是思想权利的充分尊重,那就会变成一句空话。因此,'五四'的个体觉醒,其意义就非常重大。"⑤

安徽并没有因为这群出色的、有独立思想和抱负的知识分子群体的存在而被改造成文化先进省份,相反地,历史最终毫不留情地摧毁了这些知识分子的理想。"浪漫的、只有情绪没有理性的个人主义在现实面前无法解释个体存在价值的合理性,更得不到社会的理解和支持,于是,便发生了'梦醒来了无路可走'的悲剧"⑥。1907年夏天发生在安徽的一场学潮转瞬间就将前文所说的严复所打开的西学教育新局面打破。而这一次的学潮既无政治革新的目的,也无任何文化转变企图。这次学潮发生的原因主要是严复进行的学堂改革触动了各方面

---

① [美]舒衡哲:《中国启蒙运动——知识分子与五四遗产》,北京:新星出版社,2007年,第11页。

② 刘再复:《共鉴"五四"》,福州:福建教育出版社,2010年,第104页。

③ 任建树:《新文化运动时期陈独秀的民主思想及其转变》,夏禹龙编:《中国文化发展的转机》,北京:知识出版社,1989年,第111页。

④ 刘再复:《共鉴"五四"》,福州:福建教育出版社,2010年,第5页。

⑤ 刘再复:《共鉴"五四"》,福州:福建教育出版社,2010年,第20页。

⑥ 刘再复:《共鉴"五四"》,福州:福建教育出版社,2010年,第21页。

特别是官绅的利益,而官绅则利用师生的不满来排挤、打击严复。"地方绅士们首先鼓动要毕业的学生,以反对周监学为名,提出驱逐严蛮子、打倒周舅子,风潮就这样起来了"①,面对这突如其来的英语学习压力,他们没有如严复所期望的为获得新知识而欣喜若狂,相反,大多数学生担心拿不到毕业证而开始抵制西学;加之当地一些士绅的煽动,后严复被迫离开,他感慨:"学堂本教育之地,而小人视利数、学生劣者不可沙汰,沙汰即起风潮,此后学界尚可问乎?"②6年后,担任安徽高等学校教务长的陈独秀也是同样被学生赶走的。"由于抗争、进取、血性与恣纵、盲动、意气相交织,起于学堂的风潮从一开始就注定要越出门墙,汇入动荡的社会之中"③。"与自发而起的民变相比,这种由'自由平权'、'革命排满'之说催生出来的'谋不轨',显然内含着更多不易扑灭的韧性。学堂一个个成了以思想'肇祸端'的胚胎之地,斯文一脉遂横决而出,流入天下滔滔之中"④。学潮既可以推动新文化的传播,也可以变成危害其发展的不稳定因素。

胡适对安徽的教育现状也很失望,"有一天我(杨亮功——笔者注)正在学校办公室看书预备上课,胡先生忽然大声说:'亮功——安庆是去不得的'","他还说:'安庆去不得的,安徽学风甚坏,说不定今日欢迎你的人,就是明天反对你的人'"⑤。从严复和陈独秀的遭遇来看,胡适此言并无任何偏激夸张之处,在当时安徽轰轰烈烈的新文化运动背后,的确隐藏着矛盾的暗流。"当时学校处境极为恶劣,皖省政局一直动荡不定,从十八年九月我(杨亮功——笔者注)到安庆时起至次年六月,这一年间换了六位主席(包括代理),——方振武、苏宗辙(代理)、

---

① 高语罕:《百花亭畔》,朱守良编:《皖江近现代高等教育人物研究》,合肥:合肥工业大学出版社,2006年,第27页。
② 《安庆师范学院百年校史》,http://www.aqtc.edu.cn/bainianxiaoshi/blxs.htm。
③ 杨国强:《晚清的士人与世相》,北京:三联书店,2008年,第264页。
④ 杨国强:《晚清的士人与世相》,北京:三联书店,2008年,第266页。
⑤ 杨亮功:《百花亭两年》,《早期三十年教学生活·五四》,合肥:黄山书社,2008年,第59页。

吴醒亚（代理）、石友三、吴醒亚（代理）、程天放（代理）。平均每人任期不到两个月。法国在一九五九年宪法未修改戴高乐未上台以前之责任内阁,平均任期约六个月,其人事变动之快,尚赶不上皖省府"①。其实不单是安徽一个省,当时中国各地都"有种古怪的印象,觉得一切法理都荡然无存,全凭手中的武力说话。政变一场接一场,快得让人透不过气来……而这一切忙乱尽是徒劳"②。在这样的社会政治氛围下,要希冀一种新文化带来社会的休养生息是何其困难。

  清朝末年,在西方侵略者的军事打击和地方民众的要求下,安徽政府已开始与当地士绅合作,发动安庆的全面变革。比如政治与社会方面,在一定程度上扩大了政治参与面,开始推行宪政与地方自治,并创立了一系列城市近代体制,如近代教育制度、司法制度、警察制度等。经济方面,则建立了相关的商业组织与近代金融机构,提倡模范实业和民间工业。这一系列的变革推动了安庆政治、经济、文化各方面向近代化的转型③。然而这场具有进步意义也符合历史进程需求的变革没有能够贯彻执行下去,随着清政府的垮台,安庆政局陷入了混乱,这场变革也因而中止;不单是省会安庆,全省各地区原有的政治及文化转型计划,也随着政局的动荡而陷入停滞,如柏文蔚在担任安徽都督兼民政长的时候,"任事半年,如统一币制,厘定钱粮,继续建筑芜屯、芜广、安正三路,蚌埠开埠,省城浚坞,督修圩堤,计划皆定,即待举行,惜为政变（袁世凯称帝——著者注）中止。更可惜者,省城及六十县中小学校增加三百七十余处,终为军阀消灭,亦吾皖青年之厄运使然"④。

  西方国家侵略的扩大进一步动摇了清政府的政治权威与

---

  ① 杨亮功：《百花亭两年》，《早期三十年教学生活·五四》，合肥：黄山书社，2008年，第60页。
  ② ［美］哈雷特·阿班：《民国采访战——〈纽约时报〉驻华首席记者阿班回忆录》，杨植峰译，桂林：广西师范大学出版社，2008年，第18页。
  ③ 参见朱庆葆：《传统城市的近代命运——清末民初安庆城市近代化研究》，合肥：安徽教育出版社，2001年，第15页。
  ④ 柏文蔚：《柏烈武五十年大事记》，《纪念柏文蔚先生》，1986年，第40～41页。

合法统治,在社会民众心中也引发了激进主义的政治浪潮。在这种民族激进情绪的影响下,民众认为要改变屈辱的国家地位,改变民生凋敝的现状,就需要进行改朝换代的暴力革命,要推翻清王朝的统治。这使得新文化运动在目的和手段上逐步发生改变,其领导力量也逐步分裂,因此,当宣泄过政治义愤后,安徽并没有发生实质性改变。"这里闹风潮,那里闹风潮,到处到闹风潮——昨天罢课,今天罢工,明天罢市,天天罢、罢、罢。校长先生,你预备怎么办?这情形究竟到哪一天才结束。有人说,新的精神已经诞生,但是我说,旧日安宁的精神倒真是死了!"①"十年新政效西法以除旧布新,把那一代中国人拖入了一场自上而下的社会变动。然而,舶来的西法改造了中国社会,二千年历史沉积而成的中国社会也改变了舶来的西法。这种交互改造使西法和中法都失去了本来的面目,四万万人遂身在新旧之间,两头不到岸"②。原计划的思想改造被迫中止,面对被唤醒的民众,在民意的要求下,新文化运动不得不转向政治运动,而"对于多数知识分子来说,瞻新顾旧是一种常态。瞻新顾旧于新旧摩荡之际,会造出种种社会相"③。原本是促进城市近代化转型的思想动力,可在彼时的安徽,俨然变成社会发展的障碍,"民族建设对于现代化是至关重要的,因为它是动员人民为之奋斗的最有效的方式,但是它也引起现代化的某些最困难的问题"④。民众不再关注潜移默化的思想改造,而是期待政治抒情式的情绪鼓动。对于西学,也不再抱学习的态度,而是开始抵制和否定。

作为个案,安徽在新文化运动中很具代表性,它也折射出新文化运动在中国的总体历程。本书的着眼点虽在安徽与新文化运动,但中国当时的其他省份所面临问题也大致相同。"'五四'新文化运动的主要战绩是表现在对旧文化体系的批判

---

① 蒋梦麟:《西潮·新潮》,长沙:岳麓书社,2000年,第138页。
② 杨国强:《晚清的士人与世相》,北京:三联书店,2008年,第279页。
③ 杨国强:《晚清的士人与世相》,北京:三联书店,2008年,第286页。
④ [英]C.E.布莱克:《现代化的动力》,段小光译,成都:四川人民出版社,1988年,第105页。

上,而不是表现在对新文化体系的建设上。"①不单单是安徽这一个地区存在上述问题,作为一场被政治推动的新文化运动,最终也在政治的漩涡中迷失了前进的方向。"'五四'的启蒙运动,并没有深入到最广大的层面,也未进入数千年积淀而成的最坚固的文化层面。不能深入到这一层面,新的文化思想就难以化入民族文化心理的深层结构中,即不能化为民族的集体无意识,以形成新的具有现代意义的民族性格,'五四'倡导的个人独立、个性解放很快就烟消云散,也证明,启蒙运动并没有在中国文化的深层结构中获得成功"②。

  社会的现状、国家的落后、中西对比的强烈激发了知识分子们的革新意识,促使他们寻求与以往不同的崭新的文化模式来改造国家与社会,并以此实现他们的作用与价值。虽然从当时中国的社会现状来看,新文化运动所追求的个性自由和个体独立只不过是知识分子的一种空想,但是这场运动毕竟尽可能大地展现了民众的理性思考精神,并开拓了民众的视野。可是当这场思想文化层面的运动与政治爱国运动相融合的时候,它学术研究的独立性也随之丧失,对于民众的启蒙也只停留在爱国主义宣传上,前期新文化运动的倡导者们所坚持和呼吁的个人平等、自由与解放也最终让位于国家与民族的自救,正因为此,学界才会发出"五四之死"③的呼声。新文化运动之所以大力提倡科学与民主,是因为吸取了辛亥革命的教训,希望在政体改革的同时,能够完成思想体系的建设,"作为辛亥革命运动的党人的五四时期新文化运动的指导者,个别人物如蔡元培、陈独秀、刘叔雅、潘赞化等在辛亥革命运动中,在革命力量的组织、革命行动的推动上有较大的贡献。但总的来说,这批人包括蔡氏和陈氏,都是倾向学问钻研、学有专精的知识分子;在革命工作上又是较长于思想言论的鼓吹、教育文化的推广方面。尤其在辛亥革命后期,经多次革命行动的挫折,他们较疏离于

---

① 刘再复:《共鉴"五四"》,福州:福建教育出版社,2010年,第33~34页。
② 刘再复:《共鉴"五四"》,福州:福建教育出版社,2010年,第35页。
③ 详见林贤治:《五四之魂》,《书屋》,1999年第5~6期。

日趋实际组织军事力量以图起事的革命主流力量"①。因此,辛亥革命结束后,这些皖籍知识分子更倾向于从思想文化层面去进行建设,而对社会运动则缺少掌控。但他们忽略了文化作为思想意识,除需要唤醒外,还需要有切实的保障来确保其扎根和推广,这就需要政体的支持,需要政府自上而下法令的配合。仅仅依靠散播社会热点话题和鼓励同人群体,是难以建设一个新的文化体系的。这场开端于轰轰烈烈的变革激情的文化革新运动,也在这无序的激情中慢慢丧失其独立性和发展方向。五四前后的新文化运动者们在构筑新的思想体系,变革传统文化层面方面,还远未完成其使命,新文化运动任务依然任重而道远。

---

① 陈万雄:《五四新文化的源流》,北京:三联书店,1997年,第57页。

## 参考文献

**论著部分：**

1. 安庆府志[M]. 碑记,康熙年间.
2. 怀宁县志[M]. 官署,道光年间.
3. 程小苏. 安庆旧影(未刊稿)[M]. 安徽省图书馆藏.
4. 高语罕. 白话书信[M]. 亚东图书馆,1923.
5. 胡适. 胡适文存[M]. 亚东图书馆,1924.
6. 舒新城编. 中国近代教育史资料[M]. 中华书局,1928.
7. 柳亚子编. 曼殊全集[M]. 北新书局,1928.
8. 陈独秀. 独秀文存[M],亚东图书馆,1933.
9. 郭湛波. 近五十年中国思想史[M]. 人文书店,1936.
10. 中国新文学大系导论集[M]. 良友图书公司,1940.
11. 中国史学会中国近代史资料丛刊·辛亥革命[M]. 上海人民出版社,1957.
12. 孙毓棠编. 中国近代工业史资料(第1辑)[M]. 科学出版社,1957.
13. 汪敬虞编. 中国近代工业史资料(1895～1914)[M]. 科学出版社.1957.
14. 中国现代文艺资料丛刊(第3辑)[M]. 上海文艺出版社,1963.
15. 陈万雄. 新文化运动前的陈独秀:1879～1915年[M]. 香港中文大学出版社,1979.
16. 中华民国史组编. 胡适来往书信选[M]. 中华书局,1979.

17. 中国新文学大系(1917~1927)建设理论集[M].上海文艺出版社,1980.

18. 张国焘.我的回忆[M].现代史料编刊社,1980.

19. 安庆文史资料(第1辑·纪念辛亥革命七十周年)[M],1981.

20. 辛亥革命回忆录(四)[M].中国文史出版社,1981.

21. 冯自由.革命逸史[M].中华书局,1981.

22. 朱蕴山纪事诗词选[M].安徽人民出版社,1981.

23. 王开玉,杨森.安庆史话[M].安徽人民出版社,1981.

24. 胡绳.从鸦片战争到五四运动[M].人民出版社,1981.

25. 全国政协.文史资料选辑(第78辑)[M].文史资料出版社,1982.

26. 安徽文史资料选辑(第2辑)[M],1982.

27. 徐凤晨,赵矢元.中国近代史[M].辽宁人民出版社,1982.

28. 中国人民政治协商会议安徽省委员会文史资料研究委员会.安徽文史资料选辑(第4辑)[M],1982.

29. 安徽文史资料(第15辑)[M].安徽人民出版社,1983.

30. 芜湖古今[M].安徽人民出版社,1983.

31. 蔡建国.蔡元培先生纪念集[M].中华书局,1984.

32. 芜湖文史资料(第1辑)[M].安徽人民出版社,1984.

33. 易白沙.帝王春秋[M].岳麓书社,1984.

34. 戈公振.中国报学史[M].中国新闻出版社,1985.

35. 中共安徽省委党史工作委员会.安徽现代革命史资料长编[M].安徽人民出版社,1986.

36. 纪念柏文蔚先生[M].固始县印刷厂印刷,1986.

37. 《交通大学校史》编写组.交通大学校史(1896~1949)[M].上海教育出版社,1986.

38. 安徽文史资料选辑(第7辑)[M],1986.

39. 辛亥风雷[M].安徽人民出版社,1987.

40. 文教史踪[M].安徽人民出版社,1987.

41. 安徽革命史话(上)[M],黄山书社,1987.

42. 王鹤鸣.安徽近代经济探讨(1840~1949)[M].中国展望出版社,1987.

43. 安庆文史资料(第 17 辑)[M],1987.

44. 唐宝林,林茂生.陈独秀年谱[M].上海人民出版社,1988.

45. 高平叔编.蔡元培全集(第 6 卷)[M].中华书局,1988.

46. [美]C.E.布莱克.现代化的动力[M].段小光译.四川人民出版社,1988.

47. 皖事拾零[M].安徽人民出版社,1989.

48. 夏禹龙编.中国文化发展的转机[M].知识出版社,1989.

50. 安徽文史资料(第 36 辑)[M].中国文史出版社,1990.

51. 王镇远.桐城派[M].上海古籍出版社,1990.

52. [美]韦尔白·施拉姆.大众传播媒介与社会发展[M].金燕宁译.华夏出版社,1990.

53. 辛亥革命安徽资料汇编[M].黄山书社,1990.

54. 唐德刚.胡适杂忆[M].华文出版社,1990.

55. 中国第二历史档案馆.中华民国史档案资料汇编(第 3 辑)[M].江苏古籍出版社,1991.

56. 辛亥革命在安徽[M].中国文史出版社,1991.

57. 安徽大辞典[M].上海辞书出版社,1992.

58. 孙培青.中国教育史[M].华东师范大学出版社,1992.

59. 霍邱县志[M].中国广播电视出版社,1992.

60. 张湘炳.史海抔浪集:陈独秀并辛亥革命问题研究[M].天津社会科学院出版社,1993.

61. 安庆文史资料(第 25 辑·民族宗教专辑)[M].安徽省新闻出版局(94)015 号,1994.

62. 张南.简明安徽通史[M].安徽人民出版社,1994.

63. 郑逸梅.艺海一勺[M].天津古籍出版社,1994.

64. 桑兵.晚清学堂学生与社会变迁[M].学林出版社,1995.

65. 桑兵.清末新知识界的社团与活动[M].三联书店,1995.

66. 周作人.中国新文学的源流[M].华东师范大学出版社,1995.

67. 安徽省桐城县政协文史委员会.桐城文史(第 2 辑·桐城派专辑),1995.

68. 周策纵.五四运动:现代中国的思想革命[M].江苏人民出版社,1996.

69. 钱满素.爱默生和中国——对个人主义的反思[M].三联书店,1996.

70. 郑逸梅.艺海一勺续编[M].天津古籍出版社,1996.

71. 陈万雄.五四新文化的源流[M].三联书店,1997.

72. 安徽省志·教育志[M].安徽人民出版社,1997.

73. 杨义.中国新文学图志[M].人民文学出版社,1997.

74. 民国著名人物传(第4卷)[M].中国青年出版社,1997.

75. 安徽省志·出版志[M].方志出版社,1998.

76. 刘军宁主编.北大传统与近代中国:自由主义的先声[M].中国人事出版社,1998.

77. 胡适文集(第5册)[M].北京大学出版社,1998.

78. 牧洲,牧小编.北大故事:名人眼中的老北大[M].中国物价出版社,1998.

79. 彭明.五四运动史[M].人民出版社,1998.

80. 安徽省政协文史资料委员会.安徽重要历史事件丛书:教坛古今[M].安徽人民出版社,1999.

81. 安徽省志·新闻志编委会办公室编.安徽新闻百年大事[M].黄山书社,1999.

82. 中国人民政治协商会议全国委员会文史资料委员会编.五四运动亲历记[M].中国文史出版社,1999.

83. 任建树.陈独秀大传[M].人民出版社,1999.

84. 郭延礼.近代西学与中国文学[M].百花洲文艺出版社,1999.

85. 《安徽文化史》编纂工作委员会.安徽文化史[M].南京大学出版社,2000.

86. 蒋梦麟.西潮·新潮[M].岳麓书社,2000.

87. 朱庆葆.传统城市的近代命运——清末民初安庆城市近代化研究[M].安徽教育出版社,2001.

88. 刘平章.刘文典传闻轶事[M].云南美术出版社,2002.

89. 焦润明,苏晓轩.晚清生活掠影[M].沈阳出版社,2002.

90. 赵英兰.民国生活掠影[M].沈阳出版社,2002.

91. 刘大椿,吴向红.新学苦旅——中国科学文化兴起的历程[M].广西师范大学出版社,2003.

92. 蔡元培. 我在北京大学的经历[M]. 湖北人民出版社,2003.

93. 朱文华. 陈独秀是不是文学家. 陈独秀研究(第2辑)[M]. 安徽大学出版社,2003.

94. 欧阳哲生. 新文化传统——五四人物与思想研究[M]. 广东人民出版社,2004.

95. 吴家荣. 阿英传论[M]. 安徽教育出版社,2004.

96. 胡明. 正误交织陈独秀[M]. 人民出版社,2004.

97. 路英勇. 认同与互动——五四新文学出版研究[M]. 安徽文艺出版社,2004.

98. 茅海建. 天朝的崩溃:鸦片战争再研究[M]. 三联书店,2005.

99. 朱文华. 陈独秀评传——终身的反对派[M]. 青岛出版社,2005.

100. 易竹贤. 胡适传[M]. 湖北人民出版社,2005.

101. 沈弘. 晚晴映像——西方人眼中的近代中国[M]. 中国社会科学出版社,2005.

102. 郑逸梅. 清末民初文坛轶事[M]. 中华书局,2005.

103. 唐德刚. 胡适杂忆[M]. 广西师范大学出版社,2005.

104. 杨天宏. 基督教与民国知识分子[M]. 人民出版社,2005.

105. 陈独秀诗存[M]. 安徽教育出版社,2006.

106. 汪原放. 亚东图书馆与陈独秀[M]. 学林出版社,2006.

107. 周诗长. 薪火——安庆一中百年史稿[M]. 尹雪曼、李宇晖、雷颐译、黄山书社,2006.

108. 朱守良编. 皖江近现代高等教育人物研究[M]. 合肥工业大学出版社,2006.

109. 罗尔纲. 师门五年记·胡适琐记:增补本[M]. 三联书店,2006.

110. 朱洪. 陈独秀与胡适[M]. 湖北人民出版社,2006.

111. 庄森. 飞扬跋扈为谁雄——作为文学社团的新青年研究[M]. 东方出版中心,2006.

112. 沈寂. 陈独秀传论[M]. 安徽大学出版社, 2007.

113. [美]舒衡哲. 中国启蒙运动——知识分子与五四遗产[M]. 新星出版社, 2007.

114. 许纪霖. 大时代中的知识人[M]. 中华书局, 2007.

115. [英]方德万. 中国的民族主义和战争(1925—1945). 胡允桓译[M]. 三联书店, 2007.

116. 段怀清. 传教士与晚清口岸文人[M]. 广东人民出版社, 2007.

117. 邹振环. 西方传教士与晚清西史东渐——以1815年至1900年西方历史译著的传播与影响为中心[M]. 上海古籍出版社, 2007.

118. 杨亮功. 早期三十年教学生活·五四[M]. 黄山书社, 2008.

119. [美]约翰·本杰明·鲍惠尔. 在中国二十五年——上海《密勒氏评论报》主持人鲍惠尔回忆录[M]. 黄山书社, 2008.

120. 杨国强. 义理与事功之间的徊徨——曾国藩、李鸿章及其时代[M]. 三联书店, 2008.

121. 朱维铮. 走出中世纪二集[M]. 复旦大学出版社, 2008.

122. 朱宗震. 真假共和(上): 1912·中国宪政实验的台前幕后[M]. 山西人民出版社, 2008.

123. 朱宗震. 真假共和(下): 1913·中国宪政实验的困境与挫折[M]. 山西人民出版社, 2008.

124. 杨国强. 晚清的士人与世相[M]. 三联书店, 2008.

125. 桑兵. 晚清民国的学人与学术[M]. 中华书局, 2008.

126. 赵建国. 分解与重构: 清季民初的报界团体[M]. 三联书店, 2008.

127. 章玉政. 狂人刘文典——远去的国学大师及其时代[M]. 广西师范大学出版社, 2008.

128. 林贤治. 五四之魂——中国知识分子精神史[M]. 广西师范大学出版社, 2008.

129. 陈建云. 大变局中的民间报人与报刊[M]. 福建教育出版社, 2008.

130. [美]哈雷特·阿班.民国采访战——《纽约时报》驻华首席记者阿班回忆录[M].杨植峰译.广西师范大学出版社,2008.

131. 何绍斌.越界与想象——晚清新教传教士译介史论[M].上海三联书店,2008.

132. 房秩五.北江先生诗集·浮渡山房诗存[M].黄山书社,2009.

133. 曹汝霖.曹汝霖一生之回忆[M].中国大百科全书出版社,2009.

134. 戴鞍钢.晚清史[M].百家出版社,2009.

135. [加]卜正民,若林正编.鸦片政权[M].弘侠译.黄山书社,2009.

136. 蔡登山.民国的身影——重寻遗落的文人往事[M].广西师范大学出版社,2009.

137. 冉云飞.吴虞和他生活的民国时代[M].山东人民出版社,2009.

138. 杨念群."五四"九十周年祭——一个"问题史"的回溯与反思[M].世界图书出版公司,2009.

139. 叶曙明.重返五四现场[M].中国友谊出版社,2009.

140. 王奇生.革命与反革命——社会文化视野下的民国政治[M].社会科学文献出版社,2010.

141. 许倬云.我者与他者——中国历史上的内外分际[M].三联书店,2010.

142. 泓峻.共生与互动——20世纪前期的文学观念变革与语言变革[M].安徽文艺出版社,2010.

143. 刘再复.共鉴"五四"[M].福建教育出版社,2010.

144. 谢慧.知识分子的救亡努力——《今日评论》与抗战时期中国政策的抉择[M].社会科学文献出版社,2010.

145. 潘光哲.何妨是书生——一个现代学术社群的故事[M].广西师范大学出版社,2010.

146. [美]魏斐德.中华帝制的衰落[M].邓军译.黄山书社,2010.

147. 童世骏编.西学在中国:五四运动90周年的思考[M].三联书店,2010.

148. 黄仁宇.现代中国的历程[M].中华书局,2011.

149. 安徽省宗教事务委员会.安徽天主教传教史[M],内部发行.

**论文部分:**

1. 孤桐.吴敬恒——梁启超——陈独秀[J].甲寅周刊,1926,(1).
2. 胡适.陈独秀与文学革命[N].世界日报,1932.
3. 傅斯年.陈独秀案[J].独立评论,1932,(10).
4. 周新民."五四"时期的安徽学生运动[J].安徽史学通讯,1959,(2).
5. 沈寂.芜湖地区的辛亥革命[J].安徽史学通讯,1959,(6).
6. 陈荣衮.论报章宜改用浅说[J].近代史资料,1963,(2).
7. 严敦杰.中国数学教育简史(续)[J].数学通报,1965,(9).
8. 柏文蔚.五十年经历[J].近代史资料,1979,(3)
9. 沈寂.辛亥革命时期的岳王会[J].历史研究,1979,(10).
10. 沈寂.陈独秀和《安徽俗话报》[J].安徽革命史研究资料(第1辑),1980,(7)
11. 张静蔚.近代中国音乐思潮[J].音乐研究,1985,(4).
12. 罗超,谢青.《安徽俗话报》的再研究[J].安徽师范大学学报(哲学社会科学版),1986,(4).
13. 张湘炳.从《安徽俗话报》看陈独秀早期的民主与科学思想[J].浙江学刊,1986,(5).
14. 桑兵.清末兴学热潮与社会变迁[J].历史研究,1986,(6).
15. 王鹤鸣.试论安徽近代工业发展缓慢的原因[J].合肥工业大学学报(哲学社会科学版),1987,(2).
16. 任建树.新文化运动时期陈独秀的民主思想及其转变[J].探索与争鸣,1989,(5).
17. 杜江南,五四运动70周年学术研讨会观点综述[J],理论学习月刊,1989,(6、7合刊).
18. 宋剑华.论近现代思想学术史上的胡适[J].学术界,1991,(4).

19. 沈渭滨,戴鞍钢.也逐欧风唱自由——论二十世纪初我国社会思潮的转换[J].湖北大学学报(哲学社会科学版),1991,(6).

20. 钱耕森.胡适的"再造文明"对我们建设新文化的启示[J].安徽史学,1995,(3).

21. 徐光寿,陆涛.陈独秀与梁启超文化思想的异同[J].安徽教育学院学报(哲学社会科学版),1996,(2).

22. 胡明.试论五四时期胡适在哲学思想界的影响[J].江海学刊,1996,(5).

23. 钟扬.从《惨世界》到《黑天国》——论陈独秀的小说创作[J].安庆师院社会科学学报(哲学社会科学版),1996,(5).

24. 高汉诚.论青年时期傅斯年的思想转变[J].青岛大学师范学院学报(哲学社会科学版),1997,(4).

25. 杨国强.清末新政·历史进化中的社会圮塌[J].史林,1997,(6).

26. 陈平原.学问家与舆论家——老北大的故事之三[J].读书,1997,(11).

27. 关爱和.五四之后新文学家对桐城派的再认识[J].中州学刊,1998,(1).

28. 张有智.义理和考据:从清代汉学家到当代新儒家[J].山西师范大学学报(哲学社会科学版),1998,(3).

29. 王道才,施昌旺.五四运动中的安徽人[J].江淮文史,1999,(2).

30. 韦莹.陈独秀早期思想与法兰西文明[J].清华大学学报(哲学社会科学版),1999,(3).

31. 杨选."五四"精神与当今北大[N].中国教育报,1999-4-23.

32. 方汉奇."五四"与中国新闻事业[J].中国报刊月报,1999,(5).

33. 沈寂.也谈蔡晓舟其人[J].江淮文史,2000,(4).

34. 杨小清,伍世昭.陈独秀五四时期文学观念的正、反、合[J].暨南学报(哲学社会科学),2000,(4).

35. 袁伟时.告别中世纪的思想革命——新文化运动纵横谈[J].黄河,2000,(4).

36. 张立程.西学东渐与晚清新式学堂教师群体研究[D].中国人民大学博士论文,2001.

37. 王雪华.论两湖早期的新文化运动[J].武汉大学学报(哲学社会科学版),2001,(1).

38. 齐卫平.试论五四时期陈独秀的文化观[J].江淮论坛,2001,(2).

39. 郑忠.试论影响近代北京城市转型的因素[J].北京社会科学,2001,(3).

40. 陈乃平.清末民初学堂乐歌课兴起之原因[J].交响.西安音乐学院学报(哲学社会科学版),2002,(1).

41. 荀渊.中国高等教育从传统向现代的转型[D].华东师范大学博士论文,2002.

42. 陈平原.思想史视野中的文学:《新青年》研究(上下)[J].中国现代文学研究丛刊,2002,(3);2003,(1).

43. 高玉.语言运动与思想革命——五四新文学的理论与现实[J].文学评论,2002,(5).

44. 周立伟.中国的科技,从科学创造四阶段说起[J].自然辩证法研究,2002,(8).

45. 王义军.审美现代性的追求[D].暨南大学博士论文,2002.

46. 龙开义.晚清白话报与民间文学——以《安徽俗话报》为例[J].船山学刊,2003,(1).

47. 王献玲.论自由主义在五四运动中的历史地位[J].郑州大学学报(哲学社会科学版),2003,(1).

48. 马为华.神话的消解——重读《故事新编》[J].东方论坛(青岛大学学报),2003,(2).

49. 郝先中.五四时期皖籍先进知识分子群体的产生及其典型特征[J].民国档案,2003,(3).

50. 叶美兰.民国时期扬州教育现代化的思考[J].扬州大学学报(高教研究版),2003,(3).

51. 陈太胜.从李长之到梁宗岱——兼论中国新文化运动的第二期[J].文艺争鸣,2004,(1).

52. 台运行.朱蕴山与六安"三农"[J].党史纵览,2004,(1).

53. 陈平原.现代文学的生产机制及传播方式——以1890

年代至1930年代的报章为中心[J].书城,2004,(2).

54. 李方祥.中国共产党与20世纪中国学术研究论纲[J].宁夏党校学报(哲学社会科学版),2004,(3).

55. 黄健.意义重构中的缪斯[D].浙江大学博士论文,2004.

56. 郝锦花.新旧之间[D].山西大学博士论文,2004.

57. 吴丽君.关于四川推进义务教育发展(1912~1939)述论[J].四川大学学报(哲学社会科学版),2004,(s1).

58. 关爱和.二十世纪初文学变革中的新旧之争——以后期桐城派与"五四"新文学的冲突与交锋为例[J].文学评论,2004,(4).

59. 邵纯.大海蔡元培[J].炎黄纵横,2004,(9).

60. 肖贵清.陈独秀政治思想研究[D].东北师范大学博士论文,2004.

61. 曾光光.桐城派在中国近代文学史上的贡献[J].江淮论坛,2004,(6).

62. 丁苗苗.《安徽俗话报》研究[D].安徽大学硕士论文,2005.

63. 张艳.五四运动阐释史研究(1919~1949)[D].浙江大学博士论文,2005.

64. 陈枫.近代福建私塾的现代化[D].福建师范大学硕士论文,2005.

65. 蒋二明.《新青年》在安徽的传播和影响[J].党史纵览,2005,(4).

66. 钱和辉,张雷.《新青年》与北京大学[J].党史纵览,2005,(4).

67. 周雷鸣.陈独秀与光复会关系考述[J].安徽史学,2005,(4).

68. 周翠娇,陈光明.五四时期胡适的反传统文化思想[J].湖南城市学院学报(哲学社会科学版),2005,(4).

69. 陈平原."妙手"如何"著文章"——为《新青年》创刊九十周年而作[J].同舟共进,2005,(5).

70. 汪菁华.陈独秀前期国家思想述论[J].安徽史学,2005,(6).

71. 韩石山.胡适:如今我们回来了[J].山西文学,2005,(6).

72. 戴涛.论思想自由[D].苏州大学硕士论文,2005.

73. 鲁萍."德先生"和"赛先生"之外的关怀——从"穆姑娘"的提出看新文化运动时期道德革命的走向[J].历史研究,2006,(1).

74. 吴汉全.近代中国社会变迁与新文化运动的兴起[J].徐州师范大学学报(哲学社会科学版),2006,(2).

75. 胡明.《新青年》与新时代[J].文艺争鸣,2006,(3).

76. 吴微.从亲和到遗弃:桐城派与京师大学堂的文化因缘[J].东方丛刊,2006,(3).

77. 汪志国.自然灾害重压下的乡村[D].南京农业大学博士论文,2006.

78. 谷银波,郑师渠.北洋政府与新文化运动[J].中州学刊,2006,(3).

79. 张丽军.想象农民[D].东北师范大学博士论文,2006.

80. 邓伟.晚清白话与白话文学的实现程度——重读《安徽俗话报》[J].江淮论坛,2006,(6)

81. 孙浩然."宗教渗透"概念辨析[J].江南社会学院学报(哲学社会科学版),2007,(1).

82. 王奇生.新文化是如何"运动"起来的——以《新青年》为视点[J].近代史研究,2007,(1).

83. 夏晓虹.晚清外交官廖恩焘的戏曲创作[J].学术研究,2007,(3).

84. 刘峰.陈独秀传播思想研究[D],安徽大学硕士论文,2007.

85. 王阳春.毛泽东惦记的光明甫先生[J].党史文苑(纪实版),2007,(5).

86. 金鹏善.富有"创造的思想力"的文学观——评胡适《白话文学史》[J].阴山学刊,2007,(6).

87. 章玉政.从起点到终点:刘文典与陈独秀的交往[J].江淮文史,2007,(6).

88. 吴麟.胡适言论自由思想研究[D].华中科技大学博士论文,2008.

89. 吴丽娅. 高语罕与民国初期的安徽教育[J]. 理论建设, 2008,(3).

90. 章玉政. 曾经热血的青春——刘文典与孙中山的交往[J]. 江淮文史,2008,(3).

91. 马建标. 权威的缺失:民初外交事务的政治化(1915~1922)[D]. 复旦大学博士论文,2008.

92. 金阿勇. 抗战时期迁湘工业研究[D]. 湘潭大学硕士论文,2008.

93. 尤小立. 傅斯年与陈独秀[J]. 读书文摘,2008,(7).

94. 杨飞,郭红娟. 陈独秀与国学大师刘文典的恩恩怨怨[J]. 湖北档案,2008,(z1).

95. 吴微. 桐城文章的"别样风景"——以严复、林纾的翻译为中心[J]. 中国现代文学研究丛刊,2009,(2).

96. 鹿力维. 封建臣民意识的表现、形成原因及其消除[J]. 邢台学院学报(哲学社会科学版),2009,(2).

97. 欧阳哲生. 新发现的一组关于《新青年》的同人来往书信[J]. 北京大学学报(哲学社会科学版),2009,(4).

98. 石钟扬. 陈独秀创办《新青年》之前的办报经历[J]. 南京师范大学文学院学报(哲学社会科学版),2009,(4).

99. 李新宇. 五四·现代国家理念的形成——以陈独秀为例[J]. 社会科学战线,2009,(4).

100. 张军. 胡适:宁鸣而生,不默而死[J]. 全国新书目, 2009,(5).

101. 刘亚文. 思想先行者——胡适[J]. 大众文艺(理论), 2009,(11).

102. 隋晓莹. 陈独秀与中国新文学运动[D]. 东北师范大学博士论文,2009.

103. 张黎敏.《时事新报·学灯》:文化传播与文学生长[D]. 华东师范大学博士论文,2009.

104. 刘训华. 清末浙江学生群体与近代中国[D]. 上海大学博士论文,2010.

105. 黄晓红.《安徽俗话报》研究[D]. 安徽大学博士论文,2010.

106. 梁昌辉. 那些风起云涌的日子——六安教育的"城北旧事"[J]. 师道,2010,(1).

107. 方番. 1930年代前后安庆城建的历史时空及其特征研究[D]. 安徽大学硕士论文,2010.

108. 张金林. 论新文化运动时期胡适的改造国民性思想[D]. 福建师范大学硕士论文,2010.

109. 赵丽. 民国时期的安徽留学生[D]. 福建师范大学硕士论文,2010.

110. 沈航. 借款、政局与民众运动[D]. 天津师范大学硕士论文,2010.

111. 汤雪花,朱镜人. 安徽省高职高专教育发展轨迹初探[J]. 合肥学院学报(哲学社会科学版),2010,(2).

112. 方习文. 五四前后皖籍文人的聚结与分化[J]. 阜阳师范学院学报(哲学社会科学版),2010,(4).

113. 罗志田. 他永远是他自己——陈独秀的人生和心路[J]. 四川大学学报(哲学社会科学版),2010,(5).

114. 周宁. 陈独秀书信两通:兼及1921年安徽学潮[J]. 党史研究与教学,2011,(2).

115. 惠萍. 严复与中国近代文学变革[D]. 河南大学博士论文,2011.

116. 毕利年. 早期中国马克思主义者哲学观研究[D]. 华侨大学硕士论文,2011.

117. 胡明贵. 自由主义思潮与新文学现代性品格[D]. 南京师范大学博士论文,2011.

118. 孔令信. 胡适与罗尔纲之间的师徒教育[J]. 教育文化论坛,2011,(5).

119. 刘申宁. 晚清新政难以阻挡革命的脚步[N]. 深圳特区报,2011-5-24.

120. 陈漠. 谁按下了中国人的快进键?[J]. 文苑,2011,(8).

121. 春鹤. 民初教育团体与1922年学制改革[D]. 华东师范大学硕士论文,2011.